W0470949

Nathan live!

ACCÈDE AUX RESSOURCES OÙ TU VEUX, QUAND TU VEUX

L'appli Nathan live, c'est un environnement **sécurisé** pour accéder gratuitement **sans inscription**, sans publicité et d'un **simple scan** aux **centaines de contenus numériques** de ton manuel.

L'appli garde en mémoire les ressources déjà scannées, te permettant ainsi de les consulter n'importe où et n'importe quand, même sans ton manuel.

1 Télécharge l'appli gratuitement

DISPONIBLE SUR Google Play

Disponible sur App Store

2 Lance l'appli et scanne les pages de ton manuel pour faire apparaître les ressources (audios, vidéos, exercices interactifs, liens...)

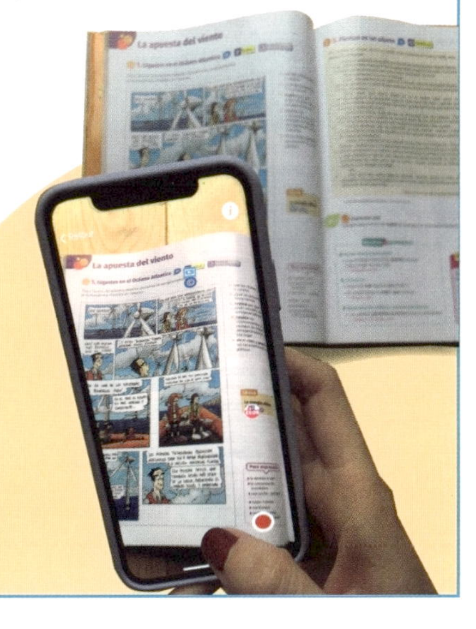

+ D'INFOS ET TUTOS

sur nathan.fr/nathan-live ou en scannant cette page avec Nathan live

Useful expressions

Agree

- **I agree with you / him / her / them.** ▸ *Je suis d'accord / avec toi / lui / elle / eux (elles).*
- **Yes, of course!** ▸ *Oui, bien sûr !*
- **I think so.** ▸ *Je pense que oui.*
- **That's right!** ▸ *C'est exact !*
- **You're / he's / she's / they're right!** ▸ *Tu as / il a / elle a / ils (elles) ont raison !*
- **True! / It is true!** ▸ *C'est vrai !*

Disagree

- **I don't agree with you / him / her / them.** ▸ *Je ne suis pas d'accord avec toi / lui / elle / eux (elles).*
- **I don't think so.** ▸ *Je ne crois pas.*
- **You're / he's / she's / they're wrong.** ▸ *Tu as / il a / elle a / ils (elles) ont tort.*
- **Not at all!** ▸ *Pas du tout !*

Clarify

- **I mean...** ▸ *Je veux dire...*
- **That is to say...** ▸ *C'est-à-dire...*
- **I didn't hear you.** ▸ *Je ne t'ai pas entendu(e).*
- **What do you mean?** ▸ *Que veux-tu dire ?*

Express your opinion

- **I think that...** ▸ *Je pense que...*
- **I know that...** ▸ *Je sais que...*
- **I'm certain / sure that...** ▸ *Je suis certain(e) / sûr(e) que...*
- **I suppose that...** ▸ *Je suppose que...*
- **In my opinion, ...** ▸ *À mon avis, ...*

Convince

- **I'm convinced that...** ▸ *Je suis convaincu(e) que...*
- **It's true / certain.** ▸ *C'est vrai / certain.*
- **I'm absolutely certain that...** ▸ *Je suis absolument certain(e) que...*
- **You see...** ▸ *Tu vois...*

Give advice

- **You should have said...** ▸ *Tu aurais dû dire...*
- **You could have developed this point.** ▸ *Tu aurais pu développer ce point.*
- **Please speak up / louder.** ▸ *Parle plus fort, s'il te plaît.*
- **Can you slow down, please?** ▸ *Peux-tu ralentir, s'il te plaît ?*

Shine Bright 4e

Cycle 4
A2 > B1

Sous la direction de **Corinne Escales**

Corinne Escales
IA – IPR
Académie de Versailles

Aurélie Caumartin
Professeure certifiée
Collège Guy de Maupassant, Houilles (78)
Formatrice, Académie de Versailles

Soline Gommez-Despres
Professeure certifiée
Collège Descartes,
Soisy-sous-Montmorency (95)
Formatrice à l'INSPE,
Académie de Versailles

Patrick Moore
Professeur certifié
Collège François Verdier, Lézat-sur-Lèze (09)
Formateur, Académie de Toulouse

Hadrien Morand
Professeur agrégé
Collège de Sèvres (92)
Formateur, Chargé de mission d'inspection,
Académie de Versailles

Emma Newman
Professeure agrégée
Collège Henri Matisse, Nice (06)
Formatrice, Chargée de mission d'inspection,
Académie de Nice

Odette Toneatti
Professeure agrégée
Collège-lycée Le Caousou, Toulouse (31)

Nathan

Bienvenue dans Shine Bright 4e

La 4e est la deuxième année du cycle 4 instauré par les programmes en vigueur depuis la rentrée 2016.
Ce cycle regroupe les classes de 5e, 4e et 3e. En anglais LV1, le niveau visé en fin de cycle 4 est A2 dans les cinq activités langagières et B1 dans plusieurs activités langagières.

	ÉCOUTER ET COMPRENDRE	LIRE	RÉAGIR ET DIALOGUER	PARLER EN CONTINU	ÉCRIRE ET RÉAGIR À L'ÉCRIT
A2	Je peux comprendre une intervention brève si elle est claire et simple.	Je peux comprendre de courts textes simples sur des sujets concrets courants avec une fréquence élevée de langue quotidienne.	Je peux interagir avec une aisance raisonnable dans des situations bien structurées et de courtes conversations à condition que le locuteur apporte de l'aide le cas échéant.	Je peux décrire ou présenter simplement des gens, des conditions de vie, des activités quotidiennes, ce qu'on aime ou pas, par de courtes séries d'expressions ou de phrases.	Je peux écrire une série d'expressions et de phrases simples reliées par des connecteurs simples.
B1	Je peux comprendre une information factuelle sur des sujets simples en distinguant l'idée générale et les points de détail, à condition que l'articulation soit claire et l'accent courant.	Je peux lire des textes factuels directs sur des sujets relatifs à mon domaine et à mes intérêts avec un niveau satisfaisant de compréhension.	Je peux exprimer un avis, manifester un sentiment et donner quelques éléments simples de contexte sur un sujet abstrait ou culturel.	Je peux assez aisément mener à bien une description directe et non compliquée de sujets variés dans mon domaine en la présentant comme une succession linéaire de points.	Je peux écrire un énoncé simple et bref sur des sujets familiers ou déjà connus.

Le **Socle commun de connaissances, de compétences et de culture** en vigueur depuis la rentrée 2016 se décline en cinq domaines, tous pris en compte dans *Shine Bright 4e*.

Domaine 1 Les langages pour penser et communiquer
Domaine 2 Les méthodes et outils pour apprendre
Domaine 3 La formation de la personne et du citoyen
Domaine 4 Les systèmes naturels et les systèmes techniques
Domaine 5 Les représentations du monde et de l'activité humaine

L'éditeur et les auteur(e)s remercient Fanny Hory, professeure certifiée et formatrice (Académie de Versailles), pour sa relecture pédagogique.

ISBN 978-2-09-501818-4

Shine Bright 4e Cycle 4 A2 > B1

va te permettre d'approfondir ta connaissance du monde anglophone grâce à des **supports authentiques**, des **tâches variées** et des **outils innovants**.

Apprends en agissant avec Shine Bright 4e

La première partie de ton manuel est constituée de **11 chapitres de deux longueurs différentes (*Files et Snapfiles*)**. Grâce à **des documents variés et authentiques** (vidéo, audio, textes littéraires et journalistiques, supports iconographiques, etc.), tu construiras les **compétences culturelles et linguistiques** nécessaires à la réalisation de la tâche finale.

Apprends en te cultivant avec Shine Bright 4e

Les **11 chapitres** du manuel te feront découvrir la **diversité du monde anglophone** : de la protection des animaux en Afrique du Sud à l'artistique ville de Bristol, en passant par les doubles de la littérature fantastique et les *ghost towns* américaines, c'est **une véritable plongée dans les pays anglophones** qui t'est proposée. *Dive in!*

Apprends en partageant avec Shine Bright 4e

Une langue est par définition un moyen d'échange, c'est pourquoi nous avons proposé dans le manuel beaucoup d'**activités à faire en groupes**, que tu repéreras facilement grâce au picto TEAMWORK. En effet, on est plus fort à plusieurs !

Apprends en jouant avec Shine Bright 4e

Le jeu est un puissant moteur d'apprentissage. Dans chaque *File*, mets tes connaissances culturelles à l'épreuve grâce aux pages et aux rubriques ***Game on!***

Découvre également le plaisir de faire un grand jeu d'enquête en anglais (***Murder mystery***) en te plongeant dans l'univers de *Death on the Nile* d'Agatha Christie.

Apprends en variant les outils avec Shine Bright 4e

Nous avons eu à cœur de te fournir une **palette d'outils diversifiés** pour progresser en anglais.

Ainsi, **des parcours différenciés** sont proposés pour l'étude de certains documents et la réalisation de certaines tâches intermédiaires (***Your mission***).

Tu pourras aussi développer tes **compétences linguistiques et langagières** :

- Pour la grammaire, des **infographies** et des ***Grammar tutos*** t'aideront à bien maîtriser les notions.
- Pour le vocabulaire, tu auras à disposition des **cartes mentales** récapitulatives dans chaque chapitre.
- Enfin, des rubriques ***Yes you can!*** dédiées à la méthodologie et l'ensemble des pages ***How to shine***… à la fin de ton manuel t'accompagneront dans la réalisation des tâches.

Évalue tes acquis avec Shine Bright 4e

Afin de t'accompagner pas à pas dans ta progression et te permettre d'évaluer tes acquis, le manuel te propose plusieurs outils :

- Les pages ***Test your skills*** à la fin de chaque *File* contiennent des documents pour t'auto-évaluer.
- **Des quiz numériques** sont disponibles au fil des pages pour faire le point sur tes connaissances grammaticales et lexicales.
- Un entraînement spécifique en vue du **test de positionnement de fin de 3e** est également proposé à la fin de chaque chapitre.

We wish you a very SHINY year!

Les auteur(e)s

Sommaire

Snapfile 7 — Arty Bristol

Parcours artistique

p. 72 à 77

• Voyages et migrations
• Langages

▶ **What makes Bristol such an artistic city?**

1. Welcome to Bristol
2. City of film
3. The sound of Bristol
4. Capital of street art

Your SNAP mission

Write a travel blog article about arty Bristol.

Build your English!

- Le *present perfect*
- Le *street art*, le cinéma, la musique, le tourisme
- La prononciation des phrases longues

Je vais apprendre à…

- Mettre en valeur des atouts.
- Parler d'une expérience culturelle.

FILE 8 — Into the wild outback

p. 78 à 91

• Voyages et migrations
• Rencontres avec d'autres cultures

▶ **What makes the Australian outback a fascinating place?**

1. A hostile environment
2. A land of traditions
3. An inspiring place

Game on!

Back from the outback

Build your English!

- Le *present perfect* et le prétérit
- Le superlatif
- La culture, la géographie et la faune australiennes, l'aventure
- L'accent de phrase sur l'adverbe *so* et le superlatif
- Les mots transparents

Your FINAL mission

Record a vlog about your trip in the outback.

Je vais apprendre à…

- Mettre en garde contre un danger.
- Raconter des expériences vécues.
- Me montrer convaincant(e).

Test your skills! ➜ p. 91

Snapfile 9 — Be the change

Parcours citoyen

p. 92 à 97

• École et société
• Langages

▶ **What are New Zealanders doing to help put an end to bullying?**

1. What is bullying?
2. Take action
3. Raise awareness

Your SNAP mission

Make a speech to encourage students to fight against bullying.

Build your English!

- Le conseil et la suggestion (*if* + impératif, *should*, *let's*, *by* + V-*ing* et *can*)
- La lutte contre le harcèlement scolaire, l'engagement, les sentiments
- La prononciation des diphtongues

Je vais apprendre à…

- Exprimer l'effet d'un comportement.
- Inciter à l'action.

FILE 10 — Ghost towns

p. 98 à 111

• Voyages et migrations
• Rencontres avec d'autres cultures

▶ **Are American ghost towns abandoned cities?**

1. From gold towns to ghost towns
2. Welcome to (ghost) town!
3. Ghost towns are alive

Game on!

Into the goldmine!

Build your English!

- La voix passive
- Les marqueurs de temps
- La ruée vers l'or, l'ouest américain, les villes fantômes, le tourisme
- La prononciation de la graphie <o>
- L'accentuation des mots

Your FINAL mission

Make a video to promote a ghost town for the tourist office of the region.

Je vais apprendre à…

- Donner des repères précis dans le passé.
- Présenter un objet ou une idée.

Test your skills! ➜ p. 111

Snapfile 11 — Bigfoot or big fake?

EMI Éducation aux médias et à l'information

p. 112 à 117

• Rencontres avec d'autres cultures
• Langages

▶ **What is the North American myth of Bigfoot based on?**

1. Step into the Bigfoot hunter's cabin!
2. Keep investigating in the forest!

Your SNAP mission

Write an investigation article about Bigfoot.

Build your English!

- L'expression de l'hypothèse (*must*, *may*, *could*, *might*, *can't*)
- Les légendes, l'enquête, le vrai et le faux
- La prononciation de la graphie <th>

Je vais apprendre à…

- Exprimer le doute et la conviction.
- Écrire un rapport d'enquête.

MURDER MYSTERY — Catch the culprit of

p. 118-121

DEATH ON THE NILE!

• Langages
• Voyages et migrations

1. Discover *Death on the Nile*
2. Unmask the murderer!

YOUR MISSION

Find who killed who in Agatha Christie's *Death on the Nile*.

HOW to shine in...

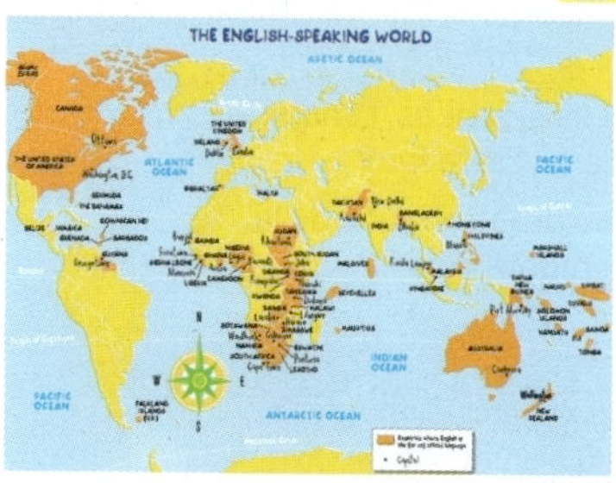

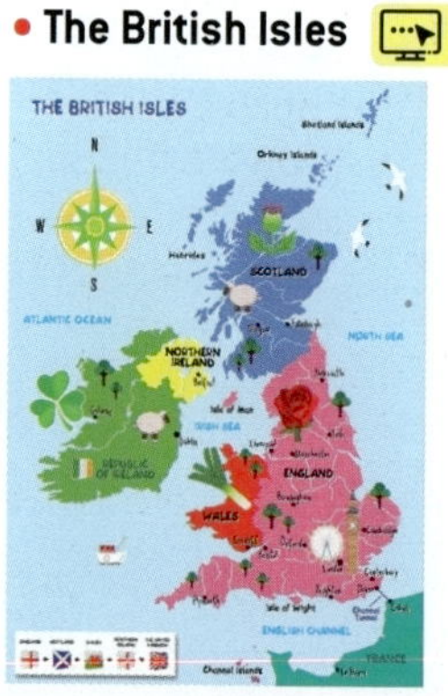

Visite guidée de ton manuel

Les pictos de ton manuel

- Compréhension orale
- Compréhension écrite
- Expression orale en continu
- Expression orale en interaction
- Expression écrite

Vidéo / Audio — Document vidéo ou audio

Audio — Lexique ou activité de phonologie

Vidéo de grammaire

Quiz — TEST your grammar & vocabulary — college.nathan.fr/4sb25
Quiz d'auto-évaluation

Quiz — TEST de positionnement — college.nathan.fr/4sb75
Entraînement au test de positionnement de fin de 3e

WB → p. 6-7 Renvoi au *workbook*

WB DIFFÉRENCIATION → p. 6-7
Renvoi à des parcours différenciés dans le *workbook*

HOW TO SHINE IN ... → p. 136
Renvoi aux pages de méthodologie en fin de manuel

Pour découvrir et comprendre

Chaque chapitre comporte plusieurs pages de documents pour découvrir la langue et les différents aspects de la thématique culturelle.

À quoi sert la double page d'ouverture des *Files* ?

- Elle te permet de découvrir la problématique de l'unité à travers **deux documents** (une iconographie et une vidéo) et une **activité ludique** de vocabulaire.

Comment fonctionnent les pages de documents ?

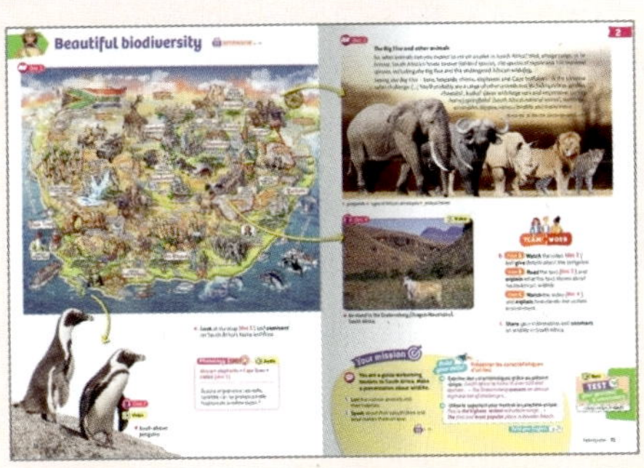

- Ces pages proposent des **documents authentiques** accompagnés d'**activités de compréhension et de production**.
- Des encarts ***Grammar spot***, ***Vocabulary spot*** et ***Phonology spot*** t'accompagnent en contexte sur des points de langue qui te seront utiles pour les tâches.
- La rubrique ***Your mission*** contient une tâche à réaliser à la suite de l'étude des documents. Deux ***Ways*** sont parfois présentés afin de te donner le choix. Une boîte ***Build your skills*** t'aidera à améliorer ta production.
- En fin de double page, tu trouveras un lien vers un **quiz** pour tester tes acquis en grammaire et vocabulaire.

Comment fonctionnent les *Snapfiles* ?

- Ces chapitres **plus courts** te feront découvrir une thématique culturelle à travers une suite de documents et **une tâche *à réaliser en deux étapes***.

Pour maîtriser la langue et préparer la tâche finale

Quels sont les outils à ta disposition pour progresser ?

- Tu disposes d'**infographies**, ***Grammar tutos*** et d'exercices pour progresser dans ta maîtrise de la grammaire anglaise.
- Le lexique de chaque unité n'aura plus de secret pour toi grâce aux **cartes mentales de vocabulaire** et aux activités de manipulation des pages ***Vocabulary***.
- Savoir prononcer et écrire correctement est essentiel pour se faire comprendre : les activités de la rubrique ***Phonology*** t'y aideront.
- Pour continuer à t'entraîner, tu trouveras dans l'***Exercise bank*** en fin de manuel d'autres exercices de grammaire et de vocabulaire classés par chapitre.

Pour progresser et t'évaluer

Es-tu joueur(se) ?

Si c'est le cas, les pages ***Game on!*** vont te plaire ! Elles te permettront de faire le point sur tes connaissances culturelles en jouant.

À quoi servent les pages *Your final mission* et *Test your skills* ?

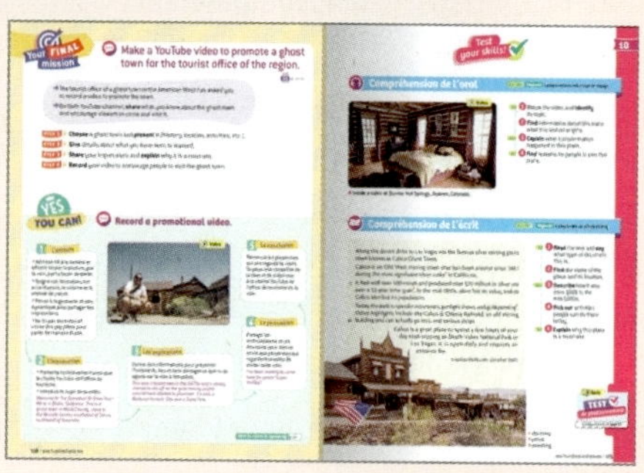

- Ces pages sont l'aboutissement de ton travail sur l'ensemble du *File*. Elles te permettront de **montrer que tu as compris et assimilé les éléments culturels et linguistiques** via une expression orale ou écrite (la tâche finale).
- La rubrique ***Yes you can*** sera un outil méthodologique précieux pour t'accompagner dans ta production finale.

Quels outils numériques sont à ta disposition ?

Au fil du manuel, tu verras des pictos qui t'indiquent la présence d'**activités numériques** complémentaires accessibles via l'appli **Nathan Live!** ou en tapant les **mini-liens** dans ton navigateur Web :

- 

te permet d'accéder à un **quiz** pour évaluer ta maîtrise des connaissances linguistiques de la double page étudiée.
- 

est situé en fin de chaque chapitre et te propose des activités d'entraînement au **test de positionnement** de fin de 3e.

À quoi servent les pages *How to shine...* ?

- Conçues de manière très visuelle, ces pages te fourniront des **stratégies précieuses** pour appréhender la **grammaire**, le **vocabulaire**, la **phonologie** et toutes les **activités de compréhension et de production**.

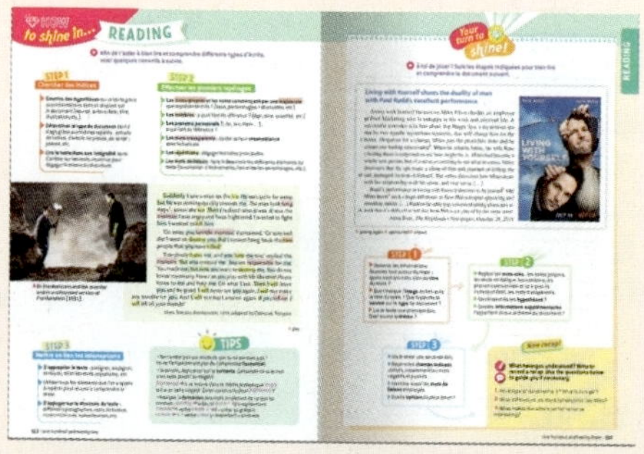

Visite guidée de ton workbook

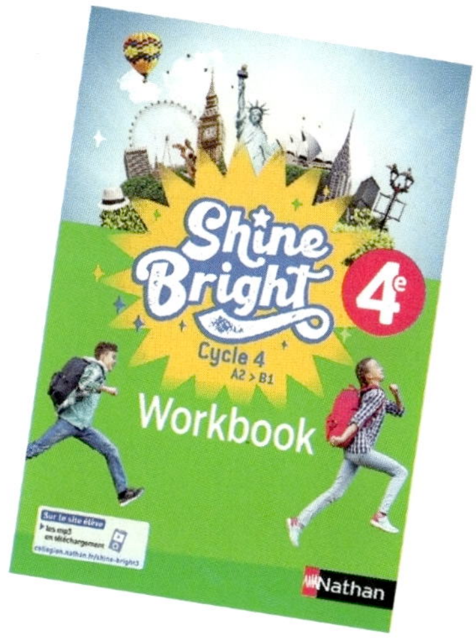

Pour t'aider à démarrer l'année

- Des **jeux et activités** pour réactiver tes connaissances avant d'attaquer les unités du manuel.

Pour t'accompagner dans la compréhension des documents

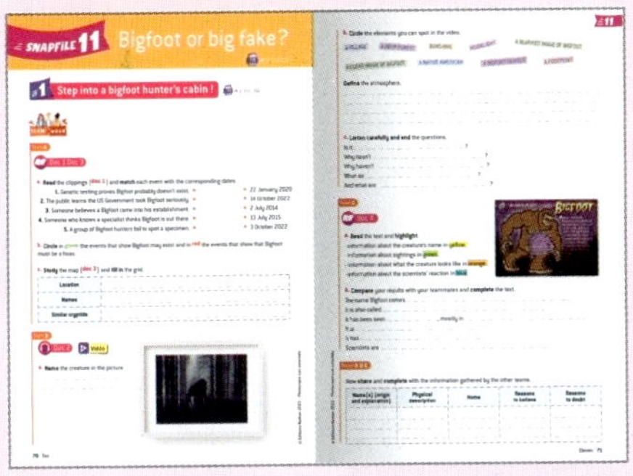

- Pour chaque document du manuel, tu trouveras dans ton *workbook* des **activités** qui te guideront dans ta **compréhension**.
- Pour certains documents, tu pourras choisir entre deux parcours différents : ***Way 1*** et ***Way 2***.

Pour t'aider à comprendre et maîtriser les points de langue

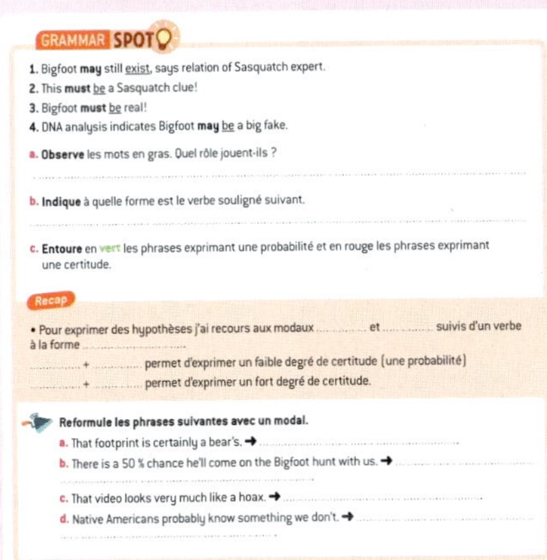
GRAMMAR SPOT

1. Bigfoot **may** still exist, says relation of Sasquatch expert.
2. This **must** be a Sasquatch clue!
3. Bigfoot **must** be real!
4. DNA analysis indicates Bigfoot **may** be a big fake.

a. **Observe** les mots en gras. Quel rôle jouent-ils ?

b. **Indique** à quelle forme est le verbe souligné suivant.

c. **Entoure** en vert les phrases exprimant une probabilité et en rouge les phrases exprimant une certitude.

Recap

• Pour exprimer des hypothèses j'ai recours aux modaux .... et .... suivis d'un verbe à la forme ....
.... + ... permet d'exprimer un faible degré de certitude (une probabilité)
.... + ... permet d'exprimer un fort degré de certitude.

Reformule les phrases suivantes avec un modal.

a. That footprint is certainly a bear's. ➜
b. There is a 50 % chance he'll come on the Bigfoot hunt with us. ➜
c. That video looks very much like a hoax. ➜
d. Native Americans probably know something we don't. ➜

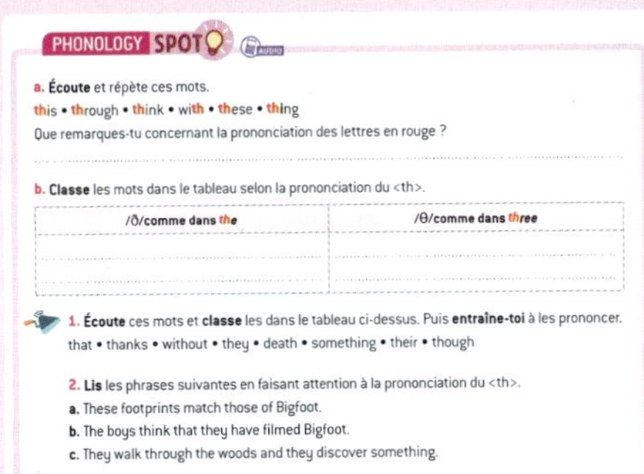
PHONOLOGY SPOT

a. **Écoute** et répète ces mots.
this • through • think • with • these • thing
Que remarques-tu concernant la prononciation des lettres en rouge ?

b. **Classe** les mots dans le tableau selon la prononciation du <th>.

/ð/comme dans the	/θ/comme dans three

1. **Écoute** ces mots et **classe** les dans le tableau ci-dessus. Puis **entraîne-toi** à les prononcer.
that • thanks • without • they • death • something • their • though

2. **Lis** les phrases suivantes en faisant attention à la prononciation du <th>.
a. These footprints match those of Bigfoot.
b. The boys think that they have filmed Bigfoot.
c. They walk through the woods and they discover something.

- Pour chaque encart ***Grammar spot***, ***Vocabulary spot*** ou ***Phonology spot***, ton *workbook* contient des activités t'amenant à comprendre et compléter la leçon, puis t'entraîner.

Pour te guider dans la réalisation des tâches

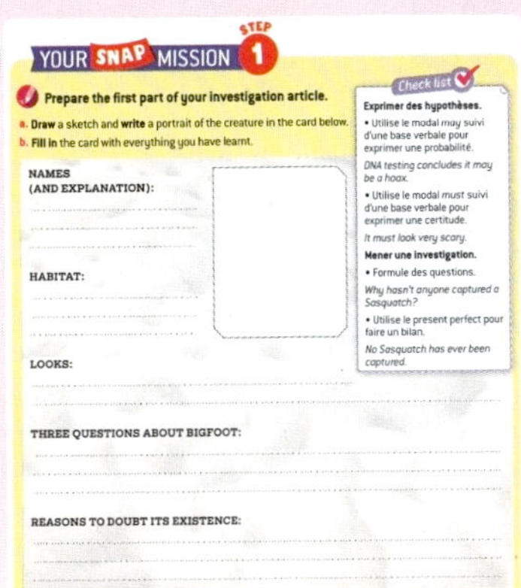

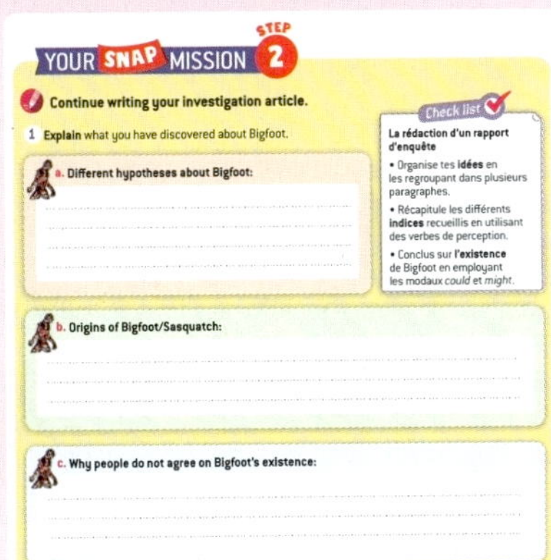

- Chaque ***Snap mission*** ou ***Final mission*** fait l'objet d'un accompagnement guidé pas à pas, avec des *check lists*, pour te rappeler les outils à mobiliser ou te donner des conseils.

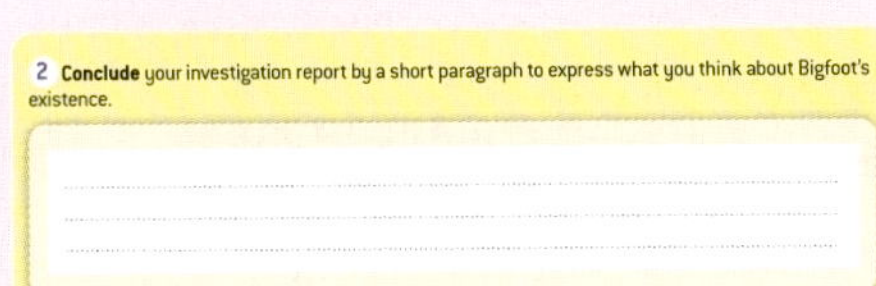
2 **Conclude** your investigation report by a short paragraph to express what you think about Bigfoot's existence.

Snapfile 1 School buddies forever

▸ *Welcome back to school!*

Can you complete the four snap challenges?

1 Homie handshakes

WB p. 5

Doc 1

Video

◂ Tom Holland as Peter Parker in *Avengers: Infinity War* (2018).

▴ Jacob Batalon as Ned Leeds and Tom Holland as Peter Parker in *Spider-Man: Far From Home* (2019).

a. **Look** at the pictures and **say** what you can about the people, places and actions.

b. **Watch** the video and **say** what the people are talking about. **Try** doing it!

c. **Imagine** and **explain** what a special "homie handshake" represents between friends.

Your SNAP challenge 1

In pairs, invent and present your homie handshake!

2 American schools on screen

WB p. 6

Doc 1

◀ *Never Have I Ever*, TV series (Netflix, since 2020).

Phonology SPOT Audio

friends • wants • series • follows • decides • classes

Écoute ces mots. Que remarques-tu concernant la prononciation du <s> final ?

a. **Look** at the pictures and **imagine** the situations.

b. **Pick out** typical American school elements.

c. **Listen** to the synopses Audio and **match** them with the corresponding series.

Doc 2

▲ *Atypical*, TV series (Netflix, 2017-2021).

Doc 3

◀ *On My Block*, TV series (Netflix, 2018-2021).

Your SNAP challenge 2

In groups, imagine the synopsis for this series and use your notes to present it to the class!

WB p. 8

TEAM WORK

This series is about...

Alex comes from a rich neighbourhood...

Jason is a friendly, outgoing 13-year-old student...

Build your English p. 16

3 Making friends

WB DIFFÉRENCIATION p. 9

Doc 1

▲ Elsie Fisher as Kayla Day in the film *Eighth Grade* (2018).

Doc 2

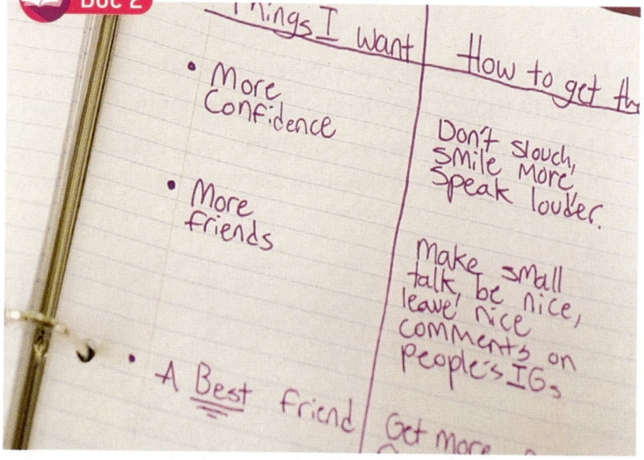

▲ Kayla's notebook in *Eighth Grade*.

Doc 3

Review: *Eighth Grade* (2018)

Kayla Day […] is a thirteen-year-old in her last week of middle school. Kayla posts YouTube videos on her account called "Kayla's Korner" where she gives life tips[1] to the minuscule number of viewers she gets. Her videos giving advice about confidence are a stark[2] contrast to her real life where she is so shy that she is voted the "Most Quiet" in her year group. The film follows Kayla as she tries to be more confident, make friends, talk to that boy she likes and generally just survive the last week of middle school.

Antonio D'Angelo, *ourculturemag.com*, 2019

1. *conseils* 2. absolute

a. **Look** at the picture (doc 1) and **guess** what the film is about.
b. **Read** the text (doc 3) and **pick out** information about the girl (age, personality, hobbies).
c. **Observe** doc 2 and **identify** the type of document.
d. **List** Kayla's objectives and **say** how she will get them (doc 2 and doc 3).

AT HOME Watch the video and **explain** how Kayla feels about growing up.

Video college.nathan.fr/4sb14

Your SNAP challenge 3

Create your own back-to-school notebook list!

WB p. 10

Doc 4

1. croquis 2. évidentes 3. going to 4. want to

Svetlana CHMAKOVA, *Brave*, 2017

a. **Look** at the book cover and **imagine** why the boy, Jensen, is brave.

b. **Read** the extract and **describe** the situation.

c. **Explain** Jensen's feelings.

Grammar SPOT

Kayla **posts** YouTube videos on her account. (doc 3) • We'**re starting** on group presentations today. (doc 4)

Observe les groupes verbaux en gras. Quels sont les deux temps utilisés ? Pourquoi ?

Your SNAP challenge 4

PAIR WORK

Jensen and Penelope meet a few days later and speak about their respective group work. Imagine the conversation and act it out!

WB p. 12

I'm working with Jenny and Felipe on...

Which subject are you working on?

I love working with...

It sounds exciting!

Build your English p. 16

Build your English!

GRAMMAR

EXERCISES p. 152

Vidéo — GRAMMAR tuto

Évoquer des faits présents à l'aide du présent simple et du présent en *be* + V-*ing*

GÉNÉRALITÉS ou HABITUDES

CHANGEMENT D'HABITUDE / ACTION EN COURS

Where **is** Mia's school?
→ It **is** in Clarksville.

Does she **walk** to school?
→ No, she **doesn't**. She **takes** the bus every day.

When she **arrives**, she **meets** her friends. They **start** school at 7:30 every morning.
What **do** they usually **do** after school?
→ They **play** basketball. Mia **loves** sports!

But today she**'s not taking** the bus.

What **is** she **doing** now?
→ She**'s walking** with her friends.
Where **are** they **going**?
→ They**'re not going** to school, they **are going** to the cinema!

Présent simple
Auxiliaire : ***do/does*** ou ***don't/doesn't***

Attention au ***s*** à la 3e personne du singulier

Présent en *be* + V-*ing*
Auxiliaire : ***be*** **au présent**

1 Choisis entre les deux formes de présent proposées et justifie ton choix.

a. Sara hangs out / is hanging out with her friends on Saturdays. This Saturday, they play / are playing rugby but they don't go / aren't going to the cinema.

b. My friends and I take / are taking the bus every morning. But today I ride / am riding my bike to school.

c. Do you often eat / are you often eating at the cafeteria? I usually eat / am eating there, but today, I don't stay / am not staying at school.

2 Décris la situation en utilisant ces verbes.

take books
talk
read
run
study

How to shine in grammar p. 136

PHONOLOGY

La prononciation du <s> final

- **À la fin des mots, la lettre <s>** peut se prononcer /s/, /z/ ou /ɪz/. La prononciation dépend du **son précédant** le **<s>** final.

Son précédant le <s>	/p/, /k/, /f/, /t/, /θ/	/z/ *ou* /s/, /tʃ/ *ou* /ʃ/, /dʒ/	Tous les autres sons !
Prononciation du <s>	/s/	/ɪz/	/z/
Exemples	stops • asks • laughs • creates • months	organises • dances • watches • washes • changes	runs • lives • lockers

1 Écoute et répète ces mots, puis classe-les selon leur prononciation du <s> final. Audio

friends • comments • buses • viewers • brushes • books • girls • oranges • maths

2 Anticipe la prononciation du <s> final, puis écoute et vérifie. Audio

a. She likes posting videos on the Internet and she has many followers now!

b. At school, Mary practises gymnastics with her classmates. She trains on Tuesdays and at the weekends.

How to shine in phonology p. 142

VOCABULARY

EXERCISES p. 152

Friendship

- best friend
- **boy**friend, **girl**friend
- **bud**dy (pl. **bud**dies) (informal) = friend
- **car**ing
- **loy**al
- sup**port**ive
- laugh /lɑːf/
- make friends
- sup**port**: *soutenir*
- to**geth**er /təˈgeðə/

Personality

- brave, cou**ra**geous ≠ **fear**ful
- **con**fident ≠ inse**cure**
- **friend**ly
- **fun**ny
- nice ≠ mean
- quiet /ˈkwaɪət/
- shy
- smart = in**tel**ligent

Feelings

- disap**point**ed /ˌdɪsəˈpɔɪntɪd/
- ex**ci**ted /ɪkˈsaɪtɪd/
- ex**clu**ded /ɪkˈskluːdɪd/
- inse**cure** ≠ de**ter**mined
- pleased
- scared ≠ bold
- un**sure**
- have mixed **feel**ings
- lack **con**fidence

Social networks

- ac**count** /əˈkaʊnt/
- **in**fluencer
- tips = ad**vice** /ədˈvaɪs/
- **view**ers /ˈvjuːərs/
- leave **com**ments
- post
- share
- text

School

- 1st / 2nd **pe**riod = 1st / 2nd **les**son
- 8th grade (US) = year 9 (GB): *4^{e} (F)*
- cafe**te**ria
- **class**room
- **hall**way
- indi**vid**ual desk
- **lock**ers
- **mid**dle school (US) (ages 11-13) ≠ high school (US) (ages 14-18)
- re**cess** /rɪˈses/ (US) = break (UK)
- school bus
- **con**centrate (on) = **fo**cus (on)
- **stud**y

- Noun
- Adjective
- Verb
- Adverb

1 **Find the odd word out and justify your choice.**

a. nice • brave • mean • confident • supportive
b. cafeteria • recess • hallway • classroom • school bus
c. post • comment • smart • influencer • text
d. girlfriend • buddy • account • friendship • friendly

2 **Let's match! Find the five words.**

cafe friend net teria work toge
class ther room ship

3 **Think about your best school buddy. List five adjectives to describe him or her.**

4 **Write down at least five sentences about this girl arriving at school. Imagine who she is, what she is like and how she feels.**

How to shine in vocabulary p. 146

FILE 2 SOS wildlife

How is South Africa trying to protect its wildlife?

Your FINAL mission

Write a press article to raise awareness about endangered species in South Africa.

Wildlife rangers working with elephants, South Africa.

Video

A rhinoceros is being relocated for its protection, South Africa.

WB p. 13

1. **React** to the photos.
2. **Watch** the video and **say** what you understand about animals in South Africa.

Game on!

3. **Chain-speaking! Give** the name of an animal, plant or flower starting with A (*ex. **antelope***), then **let** a classmate **continue** the chain with a word starting with B, etc.

Beautiful biodiversity

WB DIFFÉRENCIATION p. 14

Doc 1

Doc 2

Video

South African penguins.

a. Look at the map (**doc 1**) and **comment** on South Africa's flora and fauna.

Phonology SPOT Audio

Africa • elephants • Cape Town • called (doc 1)

Écoute et prononce ces mots.
La lettre <a> se prononce-t-elle toujours de la même façon ?

Doc 3

The Big Five and other animals

So, what animals can you expect to see on a safari in South Africa? Well, a huge range, to be honest. South Africa is home to over 500 bird species, 100 species of reptile and 150 mammal species, including the Big Five and the endangered African wild dog.

Seeing the Big Five – lions, leopards, rhinos, elephants and Cape buffaloes – is the ultimate safari challenge. [...] You'll probably see a range of other animals too, including zebras, giraffes, cheetahs[1], kudus[2] (deer with large ears and impressive, curling horns), springboks[2] (South Africa's national animal), warthogs[3], crocodiles, hippos, various birdlife and many more.

Roxanne de Bruyn, *farawayworlds.com*

1. *guépards* 2. types of African antelopes 3. *phacochères*

Doc 4 — Video

▲ An eland in the Drakensberg (Dragon Mountains), South Africa.

TEAM WORK

b. TEAM A **Watch** the video (doc 2) and **give** details about the penguins.

TEAM B **Read** the text (doc 3) and **explain** what the text shows about South African wildlife.

TEAM C **Watch** the video (doc 4) and **explain** how elands live in their environment.

c. Share your information and **comment** on wildlife in South Africa.

Your mission

You are a guide welcoming tourists to South Africa. Make a presentation about wildlife.

1. **List** the various animals and their habitats.
2. **Speak** about their specificities and what makes them unique.

WB p. 17

Build your skills! Présenter les caractéristiques d'un lieu

- Exprime des caractéristiques grâce au présent simple : *South Africa **is** home to over 500 bird species... • The Dragon Mountains **present** an almost mythical set of challenges...*
- Utilise le superlatif pour montrer le caractère unique : *This is **the highest**, **widest** mountain range... • **The** first and **most popular** place is Boulder Beach.*

Build your English p. 27

Quiz — TEST your grammar & vocabulary — college.nathan.fr/4sb21

Wildlife under threat

1 Save the elephants

WB p. 18

Doc 1

WWF says African elephants will be extinct by 2040 if nothing is done

World Wildlife Fund (WWF) figures on the killing of elephants in Africa are chilling. Every 25 minutes, an elephant is killed for its ivory tusks[1]. This brings the number of individuals slaughtered[2] each year to 20,000. For example, the African elephant population has declined by 70% in 40 years. Between 2007 and 2015, 100,000 elephants were slaughtered. [...]

Convinced that Africa's largest mammals will disappear by 2040 if nothing is done urgently, WWF has launched a fundraising[3] campaign to finance anti-poaching[4] measures.

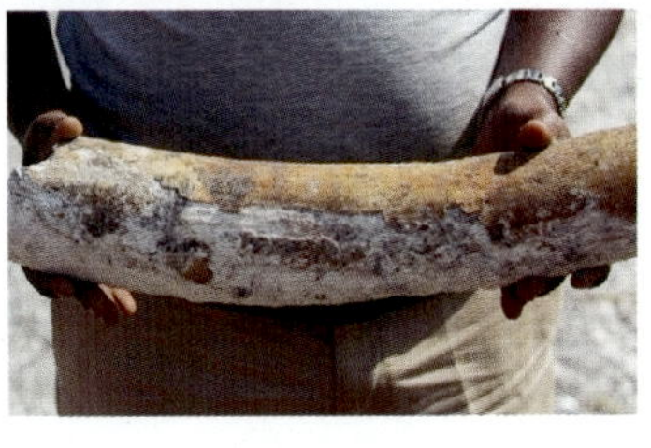

Boris Ngounou, *Afrik21*, 2019

1. *défenses* 2. *massacrés* 3. collecting money 4. *contre le braconnage*

TEAM WORK

TEAM A

a. Read the text (**doc 1**) and **pick out** numbers to say what problem is raised.

b. Identify the cause of the situation and **guess** how the WWF's campaign can change it.

TEAM B

a. Watch the video (**doc 2**) and **pick out** information about the day and place.

b. Explain how the populations of elephants and humans have evolved since 1920.

c. Share what you learned about the issue with the other team.

Doc 2 — Video

▲ "Adventures with Elephants" reserve in Limpopo, South Africa.

Grammar SPOT

African elephants **will be** extinct by 2040 **if** nothing is done. (**doc 1**)

Quelle situation est évoquée dans cette phrase ? Quels mots te l'indiquent ?

Phonology SPOT — Audio

4 million • 1920 • 400,000 • 1.3 billion (**doc 2**)

Écoute et répète ces nombres. Que remarques-tu ?

2 On the red list

WB DIFFÉRENCIATION p. 19

SIX ENDANGERED ANIMALS

Rhinos are not the only animals in South Africa that face extinction, here are some that list as vulnerable and endangered.

1 IUCN Red List status: Vulnerable

CHEETAH

Known as the fastest land animal, they are vulnerable because many farmers end up poisoning, shooting or trapping them when they hunt for sheep.

Located:

MAJOR THREATS: Farmer/predator conflict, loss[1] of habitat.

Diet: Small antelopes, wildebeests[2] and zebras.

2 IUCN Red List status: Endangered

KNYSNA SEAHORSE

This delicate little creature, with a head like a horse and a tail with a perfect curl, occurs naturally in three estuaries around the country.

Located:

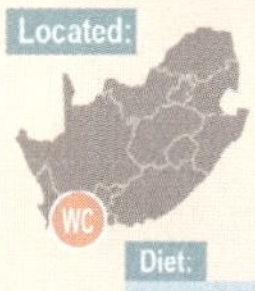

MAJOR THREATS: Loss of habitat by industrial developments and urban expansion.

Diet: A Seahorse will eat small crustacea such as Mysis Shrimp.

3 IUCN Red List status: Vulnerable

CAPE VULTURE

We easily underestimate the importance of vultures, perhaps because the term in itself has quite a negative connotation. But the essence of being a vulture is to clean up, and therefore, do good by eating off carcasses.

Located:

MAJOR THREATS: Loss of habitat, electrocution on pylons or collision with cables and poisoning.

Diet: The Cape Vulture is a scavenger[3] feeding on carrion.

4 IUCN Red List status: Critically endangered

RIVERINE RABBIT

This small nocturnal rabbit can only be found in the Karoo regions and is currently the most endangered mammal in South Africa.

Located:

MAJOR THREATS: Loss of habitat due to cultivation and livestock[4] farming.

Diet: Flowers, grasses and leaves.

5 IUCN Red List status: Endangered

AFRICAN WILD DOG

There are fewer than 450 left in South Africa. Violent snaring[5] of wild dogs is one of the most brutal ways of killing, and unfortunately this happens much too often in our wildernesses.

Located:

MAJOR THREATS: Human persecution.

Diet: Small to medium sized animals.

6 IUCN Red List status: Vulnerable

BLUE CRANE

The blue crane is South Africa's national bird. Because they have a blind spot in their vision, they tend to collide with power lines when their legs get entangled[6], leading to their deaths.

Located:

MAJOR THREATS: Habitat loss, collision with electric wires, poisoning.

Diet: Blue Cranes are omnivorous and will eat plants, bugs and small lizards.

1. *perte* 2. gnus 3. *charognard* 4. farm animals 5. *piège* 6. *emmêlées*

Adapted from *The Citizen*, 2020.

a. Read the six infographics and **identify** the animals under threat.
b. Pick out the threats mentioned and **explain** the reasons.
c. Explain what will happen if nothing changes.

Your mission

You work at a reserve for endangered animals in South Africa. Create an infographic about the elephant.

1 **Go back** to doc 1 and doc 2 page 22 and **take** notes about the elephant (habitat, specificities, threats).

2 **Design** your infographic: **be** short and precise and **add** a picture or drawing of the animal.

WB p. 21

Build your skills! Évoquer une situation future hypothétique

- Utilise le modal ***will*** pour évoquer une situation à venir : *Elephants **will** disappear...* • *They **will** be extinct by 2040...*
- Exprime les conditions à l'aide de *if* suivi d'un verbe au présent : ***If** we **don't act** now, they will disappear.* • ***If** urgent action **is not taken**, the number of elephants will decline.*

Build your English p. 27

Quiz
TEST your grammar & vocabulary
college.nathan.fr/4sb23

Action stations

1 Youngsters taking action

WB DIFFÉRENCIATION p. 22

Doc 1 — Video

▲ South African teenager Mbali celebrating World Environment Day with a video about "ecosystem restoration".

a. Watch the video (**doc 1**) and **pick out** the reasons why nature needs our help.

b. Explain what "ecosystem restoration" is and **give** examples.

c. Imagine what will happen if we don't act now.

Grammar SPOT

Restoring ecosystems **is going to be** a big task. (doc 1) • Money **will help**. (doc 2)

Observe les expressions en gras. Qu'expriment-elles ? Quelle phrase dénote une plus grande certitude sur l'avenir ?

◀ Romario Valentine, a 10-year-old activist from South Africa.

Doc 2 — Video

a. Watch the video (**doc 2**) and **say** what Romario Valentine's passion is.

b. Explain what he organised for his 10th birthday.

c. Give your opinion about his initiative.

2 A WWF campaign

WB p. 24

Doc 1

WWF SOUTH AFRICA URGES NATURE LOVERS TO #WEARITWILD TO HELP CELEBRATE AND PROTECT OUR WILDLIFE.

Unleash[1] your wild side during WWF South Africa's #Wear It Wild fun campaign.

WWF South Africa is calling on nature lovers across the world to get creative with animal-inspired fancy dress[2] and face painting on any day from 15 July until 15 October 2022. The #WearItWild campaign is one of the organisation's most popular and well-supported annual fundraising[3] campaigns and global celebrations of our wildlife.

wecanchange.co.za, 31 August 2022

1. show 2. *déguisement* 3. collecting money

a. Look at the picture (doc 2) and **react**.

b. Read the Instagram post (doc 2) and **guess** what it announces.

c. Read the text (doc 1) and **explain** the initiative (actions, goals).

Doc 2

* 10 rands (South African money)

Grammar SPOT

WWF South Africa urges nature lovers to #WearItWild **to help** protect our wildlife.

Que permettent d'exprimer les mots en gras : une cause, une conséquence ou un but ? Quelle préposition est utilisée ?

Your mission

You work for WWF South Africa. Invent a campaign poster with a hashtag and list four of its goals.

1 **Think** of what people can do to show their support and **invent** the corresponding hashtag.

2 **Write down** four goals for your campaign and **create** your poster.

WB p. 25

Build your skills! **Inciter les gens à agir pour l'avenir**

- Utilise l'impératif pour les interpeller : ***Unleash** your wild side…* • ***Dress up** and **donate** R10.*
- Exprime le but avec la préposition ***to*** + BV : *I've decided to join hashtag generation restoration **to rebuild** nature.*
- Envisage l'avenir avec ***be going to*** ou ***will*** : *Restoring ecosystems **is going to** be a big task.* • *Money **will** help.*

Build your English p. 27

Quiz
TEST your grammar & vocabulary
college.nathan.fr/4sb25

Game on!

EXO Interactive game
college.nathan.fr/**4sb26**

LOST IN KRUGER PARK!

How to play

★ You are lost in Kruger Park and it is getting dark... You need to get to your lodge before nighttime!

▶ **Get into pairs** and **answer** the questions. **Follow** the right track to find your way to your lodge!

1. **An organisation that helps preserve wildlife:**
   - WWF.
   - NGO.
   - SOS.
2. **The "Big Five": lions, rhinos, elephants, Cape buffaloes and:**
   - Cheetahs.
   - Leopards.
   - Snakes.
3. **The nickname of Cape Town penguins:**
   - Kruger penguins
   - Jackass penguins
   - Tiger penguins.
4. **A famous mountain in South Africa:**
   - The Lionsberg.
   - The Southberg.
   - The Drakensberg.
5. **People who hunt animals illegally:**
   - Poachers.
   - Volunteers.
   - Fundraisers.
6. **The national animal of South Africa:**
   - The lion.
   - The springbok.
   - The cheetah.
7. **One thing you can do to restore ecosystems:**
   - Plant trees.
   - Poach.
   - Raise money.
8. **An animal which is not endangered in South Africa:**
   - The Cape vulture.
   - The Cape buffalo.
   - The blue crane.

+ EXERCISES p. 152

A Exprimer le futur avec *be going to / will* et le futur hypothétique avec *if + will*

On peut présenter des **faits futurs** de différentes façons.

1 Le fait futur apparaît comme la **suite logique du présent**.
***be going to* + BV**

2 Le fait futur apparaît comme une **certitude**.
***will* + BV**

3 Pour exprimer une **situation future hypothétique**, on utilise
***If* + verbe au présent** suivi de ***will* + BV**

1 Exprime le futur à l'aide de *be going to* ou *will* selon la situation.

a. I'm sure organisations (help) save South Africa's wildlife.
b. After saving endangered species, we (launch) a new programme.
c. Thanks to their campaign, WWF (raise) awareness.
d. I (spend) a month volunteering at a reserve in South Africa to help save rhinos.

2 Construis des phrases évoquant un futur hypothétique à l'aide des mots proposés.

How to shine in grammar p. 137

B Exprimer le but avec *to* + BV

→ Pour exprimer le **but** en anglais, on utilise souvent la préposition ***to*** suivie de la **base verbale**. Cette préposition peut être intégrée à des expressions telles que ***in order to*** et ***so as to***.

***to* + BV**	South Africa started Elephant Day **to save** their wildlife.
***in order to* + BV**	They launched the campaign **in order to educate** people.
***so as to* + BV**	I took part in this event **so as to raise** funds.

3 Reconstitue ces phrases exprimant un but.

a. maintain biodiversity • restore ecosystems • we must • in order to
b. is essential • raising awareness • to take action • to encourage people
c. to stop extinction • are important • WWF campaigns
d. to change things • we need • so as to • preserve South Africa's wildlife

4 Termine ces phrases exprimant le but en utilisant ces verbes.

save / protect / raise awareness / sensitise

a. Romario Valentine decided to raise funds ...
b. WWF launched a campaign ...
c. South Africa is acting ...
d. More and more people are taking action ...

How to shine in grammar p. 140

Build your English! WORDMAP

WB p. 13

Saving animals

- biodi**ver**sity /baɪəʊdaɪ'vɜːsəti/
- **e**cosystem /'iːkəʊsɪstəm/
- **ran**ger

- **sanc**tuary = re**serve** /rɪ'zɜːv/
- volun**teer**
- pre**serve** = pro**tect**
- re**store**
- save
- take **ac**tion
- **ur**gently

Danger

- **cli**mate /'klaɪmət/ change
- loss of **ha**bitat
- **poa**ching = **hun**ting il**le**gally /ɪ'liːgəli/

- pol**lu**tion
- en**dan**gered
- **threat**ened /'θretənd/
- **vul**nerable /'vʌlnərəbəl/
- be **un**der threat
- disap**pear**
- face ex**tinc**tion /ɪk'stɪŋkʃən/
- go ex**tinct** = be**come** ex**tinct**
- **jeop**ardise /'dʒepədaɪz/ = **threat**en

Wildlife

- bird
- **chee**tah /'tʃiːtə/

- **el**ephant
- gi**raffe**
- **ha**bitat
- **leo**pard /'lepəd/
- **li**on /'laɪən/
- **mam**mal
- **par**rot

- **pen**guin
- **rep**tile
- **rhi**no /'raɪnəʊ/ = **rhi**noceros
- **spe**cies /'spiːʃiːz/
- **spring**bok

- **vul**ture

- **ze**bra

Organisations

- cam**paign**
- **cha**rity
- **crowd**funding /'kraʊdfʌndɪŋ/
- do**na**tions = contri**bu**tions
- **fund**raising
- NGO /endʒiː'əʊ/ (**non**-governmental organi**sa**tion)

- World En**vi**ronment Day
- environ**men**tal
- raise a**ware**ness
- raise funds

Geography

- beach

- lake
- **land**scape
- **na**ture
- plains ≠ **moun**tains
- **ri**ver
- **val**ley
- **wil**derness /'wɪldənəs/
- **coa**stal /'kəʊstəl/
- wild

Noun · Adjective · Verb · Adverb

VOCABULARY

EXERCISES p. 152

1 Find the nine animals hidden in the grid.

C	T	R	H	I	N	O	G
P	H	L	Q	V	L	Y	I
E	P	E	L	U	I	A	R
N	A	O	E	L	O	R	A
G	R	P	W	T	N	O	F
U	R	A	O	U	A	K	F
I	O	R	X	R	N	H	E
N	T	D	Z	E	B	R	A

2 Find the words corresponding to the definitions.

a. Wild animals are called w_______.

b. Endangered animals are under t_____.

c. A place to keep endangered animals is called a s_________.

d. The place where animals live is their natural h______.

3 Find the four pairs of synonyms.

hunt • threaten • preserve • poach • jeopardise • disappear • protect • become extinct

4 Describe the scene using words from the wordmap.

How to shine in vocabulary p. 146

PHONOLOGY

A La prononciation de la graphie <a>

→ La lettre <a> ne se prononce pas toujours de la même manière en anglais.

- Africa /æ/
- leopard /ə/
- large /ɑː/
- watch /ɒ/
- call /ɔː/
- nature /eɪ/
- care /eə/
- image /ɪ/

1 Écoute et répète ces mots, puis classe-les selon leur prononciation de la lettre <a>. Audio

far • zebra • rare • save • cheetah • water • what • endangered • message • habitat • parrot

2 Écoute cette phrase et répète-la en faisant attention à la prononciation de la lettre <a>. Audio

We organised a campaign to raise funds so as to save a large part of our elephants, wild rabbits and leopards.

B La prononciation des nombres, dates et pourcentages

→ En anglais, on utilise une **virgule** entre les milliers et les centaines, et un **point** pour séparer les unités des décimales.
⚠ Attention : *thousand, hundred, billion, million* ne prennent pas de « s » quand ils sont précédés d'un chiffre.

→ Pour ce qui est des **dates**, on décompose les années par dizaine pour les prononcer.

→ Pour exprimer des pourcentages, on utilise ***percent***.

- 20,000 elephants — twenty thousand elephants
- $1.3 billion — one point three billion dollars
- 2018 — twenty eighteen ou two thousand and eighteen
- 10% of our members — ten percent of our members

3 Écoute et répète ces nombres, dates et pourcentages. Audio

45,670 rhinos • $56,987 • 2012 • 1998 • 2050 • 50% of their habitat • 3.8% of the population

4 Entraîne-toi à prononcer ces nombres, dates et pourcentages, puis vérifie en écoutant et répète. Audio

6.5 million volunteers

67,456 cheetahs • 2040

2010 • 35% of these parrots

99% of species

How to shine in phonology p. 142

Your FINAL mission

Write a press article to raise awareness about endangered species in South Africa.

WB p. 26

→ As a journalist and a nature lover, **write** an article in an online newspaper about endangered species in South Africa so as to **raise** awareness.

→ **Explain** the situation, the evolution and possible situation in the future and **give** solutions.

STEP 1 ▸ **Go through** the documents you studied and **choose** four facts that surprised you.

STEP 2 ▸ **Make** a list of the problems and possible evolutions in the future.

STEP 3 ▸ **Suggest** solutions to solve these problems and **encourage** people to take action.

STEP 4 ▸ **Organise** your ideas and **write** your article.

YES YOU CAN!

Write a press article.

1 Le titre

Choisis un titre qui interpelle et éveille la curiosité. Le titre doit donner envie de lire l'article pour en savoir davantage.

WWF says African elephants will be extinct by 2040 if nothing is done

2 Les photos

Choisis des visuels qui attirent l'œil et permettent d'identifier le thème de ton article.

3 Le problème

Explique la situation de façon claire et illustre ton propos par des exemples.

World Wildlife Fund (WWF) figures on the killing of elephants in Africa are chilling. • ***For example,*** *the African elephant population has declined by 70% in 40 years.*

WWF says African elephants will be extinct by 2040 if nothing is done

World Wildlife Fund (WWF) figures on the killing of elephants in Africa are chilling. Every 25 minutes, an elephant is killed for its ivory tusks[1]. This brings the number of individuals slaughtered[2] each year to 20,000. For example, the African elephant population has declined by 70% in 40 years. Between 2007 and 2015, 100,000 elephants were slaughtered. [...]

Convinced that Africa's largest mammals will disappear by 2040 if nothing is done urgently, WWF has launched a fundraising[3] campaign to finance anti-poaching[4] measures.

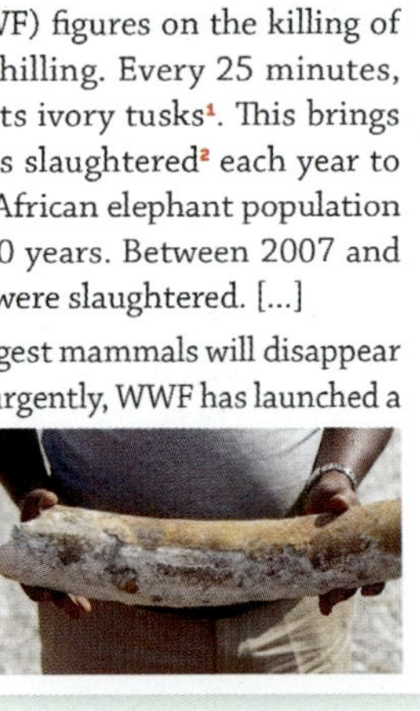

Boris Ngounou, *Afrik21*, 2019

4 Les chiffres

Cite des chiffres pour donner du poids à ce que tu expliques dans ton article.

Between 2007 and 2015, 100,000 elephants were slaughtered.

5 Les solutions

Présente des pistes de solutions pour résoudre le problème que tu exposes.

Convinced that Africa's largest mammals will disappear by 2040 if nothing is done urgently, WWF has launched a fundraising campaign to finance anti-poaching measures.

How to shine in writing p. 126

Test your skills!

Compréhension de l'oral

A2+/B1 **Objectif** Comprendre une émission pour enfants

A2
1. **Name** the biggest type of rhino.
2. **Say** where rhinos live.

A2+
3. **Say** how old rhinos can live to be.
4. **Find** two reasons why rhinos are in danger.

B1
5. **Explain** how people are trying to protect rhinos.

Compréhension de l'écrit

A2+/B1 **Objectif** Comprendre un article publicitaire en ligne

South Africa safari

South Africa is the grand dame[1] of African safari destinations, a country that offers experiences for every age and level of adventure. […] The highlight[2] of South Africa's animal population is diversity, rather than abundance. […]

Extending for almost 20,000 square kilometres, Kruger National Park is a legend of the safari industry. It's been a protected area since 1898 and provides refuge for more different mammals than any other in Africa. […]

Many habitats can be found in the park and these support some 147 large species. To discover even half of these you need at least three days on safari.

Of course it's the big five that dominates most itineraries. For this the Kruger doesn't disappoint. In particular, this is one of the best areas[3] in Africa to encounter rhinos and leopards. […]

When planning a Kruger safari, keep remembering the size of the park. […] If you want to travel far to the north or east you will need a lot of time.

africafreak.com

A2
1. **Identify** the name of the legendary safari destination in South Africa.
2. **Say** how many large species live in the region.

A2+
3. **Name** some of the animals tourists come to see.
4. **List** the reasons why South Africa is an ideal safari destination.

B1
5. **Explain** why you need a minimum of three days' safari there.

Quiz
TEST de positionnement
college.nathan.fr/**4sb31**

1. *la star* 2. best part 3. regions

Snapfile 3 United Cakes of America

▶ How is cake an icon of American culture?

Your SNAP mission

Present a cake for a special American celebration.

1 A land of desserts

WB DIFFÉRENCIATION p. 27

Doc 1

▲ Homer and Bart as superheroes Pie Man and Cupcake Kid in *The Simpsons*, by Matt Groening.

a. **Look** at the picture and **identify** the desserts.

b. **Read** the text and **pick out** words referring to American desserts and places.

c. **Explain** how important desserts are in the United States.

The United desserts of America

What would America be without dessert? [...] It would be boring. [...] America is a land of desserts. Drive across the country, and you'll find pralines and cookies in every gas[1] station, pies and cakes in every diner[2]. [...] And so it is clear that each state ought to[3] claim its own dessert, even as we all praise[4] apple pie as the ultimate symbol of Americana.

L.V. Anderson, *slate.com*, 2014

1. petrol
2. American restaurant
3. should
4. admire

Doc 2

▶ Video

▲ Best desserts in 8 American states, according to Food Insider, 2020.

a. Look at the map and **react**.

b. Watch the video and **identify** the desserts on the map.

c. Explain what characterises each state dessert with its typical ingredients and its history.

AT HOME Watch the video and **find** three other typical American desserts. **Give** their names, origins and the ingredients used.

▶ Video
college.nathan.fr/**4sb33**

Phonology SPOT 🔊 Audio

here • dessert • dense • recipe • German • strawberry (doc 2)

Écoute ces mots. Comment les lettres en rouge sont-elles prononcées ?

Vocabulary SPOT

- adzuki bean paste

- condensed milk

- custard

- oats

- peanuts

- pecans

- syrup

Your SNAP mission STEP 1

In pairs, play the "Guess the desserts" challenge!

1. **Choose** one of the traditional American desserts on the map.
2. **Give** five clues to your partner to find your dessert. Then, **swap** roles!

WB p. 30

Build your skills! **Décrire un dessert**

- Utilise le passif pour donner la composition d'un dessert : *A block of ice **is shaved** and **drizzled** with rainbow syrups.* • *It **is covered** with toasted coconut flakes.*
- Évoque l'origine des desserts en utilisant les prépositions ***from*** et ***to*** : *It was influenced by immigrants **from** other Hispanic countries.* • *German immigrants brought it **to** South Dakota.*

Build your English p. 36

2 A way to celebrate

WB DIFFÉRENCIATION p. 31

Doc 1

▲ "The Graduates" episode from TV series *This Is Us*, 2019.

Vocabulary SPOT

- **graduation** = when American students finish high school or university
- **graduation cap**

- **gown**

- **diploma**

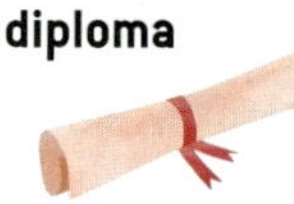

- **letter jacket**

a. **Look** at the picture (doc 1) and **say** what type of cake it is.
b. **Watch** the video (doc 2) and **describe** the cake.
c. **Explain** why this cake is really special for customers.
d. **Read** and **explain** the quote below by Julia Child.

Doc 2
Video

A party without cake is just a meeting – *Julia Child*

Grammar SPOT

This cake was inspired by **a** letter-jacket cake. (doc 1) • **The** inside of **the** pie tastes good. (doc 3)

Traduis les phrases ci-dessus.
Quelle est la nature des mots en gras ?

Doc 2 TEAM A

Home Recipes Crafts Pet Care Lifestyle

Patriotic Red, White and Blue Layer Cake

This patriotic red, white and blue layer cake is a fun and festive dessert perfect for the Fourth of July, or any summertime celebration! These show-stopping[1] mini 4th July cakes feature[2] three moist[3] and fluffy layers of vanilla cake, each sandwiched with delicious cream. It's then topped with a creamy white and blue cream. Perfect for any patriotic occasion!

Angela Milnes, from her blog *withasplashofcolor.com*, 2022

1. flashy 2. *sont composés de* 3. *mœlleuses*

Culture SPOT

The **Fourth of July**, or **Independence Day** is a national holiday in the USA commemorating the **Declaration of Independence**, on **July 4, 1776**. Americans celebrate this day with **festivities** such as fireworks, parades, family parties and barbecues.

Doc 3 TEAM B — Video

▲ Yolanda Gampp, on her YouTube channel *How to cake it*.

a. **Study** your document (doc 2 for TEAM A or doc 3 for TEAM B) and **identify** the celebration.

b. **Pick out** words referring to textures and tastes.

c. **Pick out** elements showing the girl's enthusiasm.

d. Now **share** your information and **say** what makes these cakes truly American.

Your SNAP mission STEP 2

Present a cake for a special American celebration.

1. **Choose** an American celebration and **say** why it is special.
2. **Draw** your cake and **take** notes on its tastes and textures.
3. **Record** a video to present your cake. **Explain** why it is perfect for this celebration and why you love it.

WB p. 34

Build your skills! Exprimer des goûts

- Utilise des expressions de goût : *The pie **tastes** good.* • *I am **a fan of** butter!*
- Explique tes choix à l'aide d'adjectifs : *It is **perfect for** any patriotic occasion!* • *It is a **fun** and **festive** dessert.*
- Détaille ta recette en utilisant les déterminants adéquats : *I'm using **the** pie dough to make **Ø** discs to put in **this** cake.* • *I'm **a** fan of **Ø** butter!*

Build your English p. 36

Quiz
TEST de positionnement
college.nathan.fr/**4sb35**

Build your English!

GRAMMAR

+ EXERCISES p. 153

Vidéo — GRAMMAR tuto

→ Désigner des éléments grâce aux articles et aux démonstratifs

Trois types d'**articles** s'utilisent dans des **situations différentes.**

Ø
pour des généralités, des concepts

Ø **Food** is very popular in the USA and *Ø* **cakes** are everywhere… even for *Ø* **breakfast!**

a ou an
(devant un son voyelle) pour un cas singulier, sans préciser

A beautiful layer cake was served at **an event** last week by **an amazing baker**.

The
pour un ou des élément(s) précis et désigné(s)

I usually don't like cakes and cookies but **the cake** and **the cookies** you baked for my birthday are awesome!

Les **démonstratifs** varient **selon la proximité de l'élément désigné.**

This chocolate cake looks delicious but **that carrot cake** looks too big for me!

I love **these cookies** but **those cupcakes** look strange…

THIS / THESE (près) — THAT / THOSE (loin)

1 Complète ces phrases avec l'article ou le démonstratif qui convient.

a. It's … tradition, here in … USA to bake … cakes for … celebrations.

b. Look at … pie here! My mum usually bakes … wonderful pies but … one is amazing.

c. Do you like … cookies? I don't, but I'm crazy about … cupcakes.

d. For Independence Day, … neighbours over there always prepare … enormous layer cake and they invite all … people living in … street.

2 Transforme ces phrases en mettant les groupes nominaux singuliers au pluriel et vice-versa. N'oublie pas de modifier les verbes si nécessaire !

a. This pie is delicious… but those cupcakes are my favourite!

b. I am baking a cake for a friend.

c. Cookies are made with butter.

d. I don't like that recipe, I prefer this one to make a nice cake!

e. She eats apples and biscuits for breakfast.

How to shine in grammar p. 132

PHONOLOGY

→ La prononciation de la graphie <e>

→ La lettre **<e>** ne se prononce pas toujours de la même manière en anglais.

- c**e**lebrate /e/
- p**e**rfect /ɜː/
- d**e**ssert /ɪ/
- ingr**e**dients /iː/
- list**e**n /ə/
- th**e**re /eə/
- h**e**re /ɪə/
- recip**e** /i/

1 Écoute et répète ces mots, puis classe-les selon la prononciation de la lettre <e>. Audio

dessert • ceremony • secret • design • serve • independence • butter • she

2 Lis ces mots et anticipe la prononciation de la lettre <e> puis écoute, répète et vérifie. Audio

celebrate • texture • delicious • pecan • recipe • recipe • degree • where • these

How to shine in phonology p. 142

VOCABULARY

EXERCISES p. 153

Cake design

- dough /dəʊ/: *pâte*
- topping
- be covered with
- be drizzled with: *être arrosé de*
- be dusted in: *être saupoudré de*
- be filled with
- be made up of
- be sandwiched with
- be shaped like = be formed
- be topped with

Textures and flavours

- apple
- chocolate
- cinnamon
- frosting = icing
- vanilla
- anise-flavoured /'ænɪs-'fleɪvəd/
- creamy
- delicious
- fluffy = soft
- taste /teɪst/

Desserts

- biscuit
- cheesecake
- cookie
- cupcake
- donut = doughnut
- ice cream
- layer cake
- pastry /'peɪstri/
- pie /paɪ/
- shortbread
- iconic /aɪ'kɒnɪk/
- bake

Celebration

- ceremony
- graduation
- party
- wedding = marriage
- festive
- fun
- patriotic
- be a fan of = love
- be eaten
- be perfect for
- celebrate /'seləbreɪt/
- make someone happy

Ingredients

- butter
- cocoa /'kəʊkəʊ/ powder
- coconut /'kəʊkənʌt/ flakes
- cream cheese
- egg yolk /jəʊk/
- flour /flaʊə/
- milk
- sugar /'ʃʊgə/
- whipped /wɪpt/ cream

- Noun
- Adjective
- Verb

1 Challenge: name as many things as you can in less than one minute!

2 Let's match! Find five compound words.

flakes | cake | powder | whipped | coconut
layer | egg | cream | yolk | cocoa

3 Lisa Simpson is celebrating her birthday. Imagine what her cake is made of.

How to shine in vocabulary p. 146

FILE 4 Team spirit

How do team sports bring people together in the English-speaking world?

Your FINAL mission

As a team-sport player, interview your sports role model.

Southfield High School players, USA.

Video

The New Zealand All Blacks team performing the haka before a game against England.

WB p. 35

1. **Name** the sports that are represented in the two documents.
2. **Identify** the people, what they are doing and **describe** their attitudes.

Game on!

3. **Vocabulary challenge!** In groups, **write** all the words you can connect to these two sports.

It's game day!

TEAM WORK

TEAM A Football in the USA

WB p. 36

Doc 1 Video

a. Study the picture (doc 1) and **say** everything you can about the event.

b. Watch the video and **note down** the questions asked.

c. Watch again and **pick out** key words in the answers.

Doc 2

It's Friday night in the United States, and all across the country a fall[1] ritual is unfolding[2]. Cheerleaders ready their pompoms. Marching band members warm up their musical instruments. Teenage boys gather in field houses to pull on protective gear[3], cinch up[4] their cleats[5] and get ready to charge into packed stadiums lit by enormous lights. It's secondary school — or high school — football season, and for many Americans this is the best season of all.

share.america.gov, 2017

1. autumn (US) 2. happening 3. equipment 4. attach 5. *crampons*

a. Study the picture (doc 2) and **explain** the scene.

b. Read the text and **pick out** the time and place.

c. Identify the groups of people and their equipment. **Say** what they are going to do.

AT HOME Watch the video and **pick out** the words used to describe both teams.

Video college.nathan.fr/**4sb40**

Grammar SPOT

Why is the Super Bowl played on Sunday? (doc 1 p. 40) • Is football truly British? (doc 1 p. 41)

Quel est l'ordre des mots dans ces phrases ?

Phonology SPOT Audio

Why is the Super Bowl halftime show so long? (doc 1 p. 40) • Is football truly British? (doc 1 p. 41)

Écoute ces questions et repère si leur intonation est montante ou descendante.

TEAM B Football in England

WB p. 37

Doc 1

Is football truly British?

Football's unwavering[1] popularity in the UK has lasted for centuries. It may have something to do with the fact that the English invented the sport in 1170 and as any proud Brit will tell you, it is England's national sport!

The first football club to be set up[2] was Sheffield F.C. in 1857. […]

Today, there are over 40,000 registered football clubs in England, almost twice as many as Brazil. Most of the biggest names are in the Premier League and these clubs command legions of supporters from around the world.

greatbritishmag.co.uk

PREMIER LEAGUE

▲ The crests of the most famous Premier League clubs.

1. *inébranlable* 2. established

a. **Look** at the crests and **name** the cities the clubs come from.
b. **Read** the text and **say** what the dates and figures correspond to.
c. **Explain** the popularity of the Premier League.

AT HOME **Watch** the video and **name** the clubs, stadiums and players you recognise.

Video college.nathan.fr/**4sb41a**

Doc 2

Video

a. **Look** at the book cover and **say** who the Lionesses are.
b. **Watch** the video and **name** the event and the date.
c. **Pick out** the expressions proving the importance of the event.

Your mission

PAIR WORK

Act out a conversation between an American and an English football fan about their countries' emblematic sports.

PARTNER A You are American. **Ask** three questions about European football and **give** details about your sport.

PARTNER B You are English. **Ask** three questions about American football and **give** details about your sport.

WB p. 39

Build your skills! **Se renseigner sur un sport**

- Commence tes questions par un mot en *WH-* : ***When** does the American football season start?* • ***What** is the oldest football club in the UK?*
- Respecte l'intonation descendante des questions ouvertes.

Build your English p. 47

Quiz
TEST your grammar & vocabulary
college.nathan.fr/**4sb41b**

Ethics and spirit

1 Following the rules

WB DIFFÉRENCIATION p. 40

JUNIOR NBA PLAYER'S CODE OF CONDUCT

Remember the Golden Rule

Always treat your teammates, coaches, opponents and officials the way you would like to be treated. That means respect, dignity, and sportsmanship[1] at all times.

Be a Good Sport

Play fair. Be a leader. Set the example. Rise above[2] poor behavior. Have fun.

Practice the Fundamentals

Master the basketball basics. Practice each of the fundamentals – dribbling, shooting, passing, rebounding and defense.

Listen to your Coach

Coaches volunteer their own time to work with your team. Don't waste that time. […]

Be Patient with Your Teammates

Every player has strengths[3] and weaknesses[4]. Be patient with your teammates as they improve their games. […]

Learn the Rules

Read the rule book. You can't claim to "know the game" if you don't know the rules.

Never Question an Official

Officials do not care who wins and they have no favorite players. […]

Play Hard […]

Coaches love players who try a little harder on defense, jump a little higher for rebounds, and dive a little more for those loose balls.

jr.nba.com, 2022

▲ Washington Wizards players listening to their coach.

a. Describe the picture and **comment** on the players' attitudes.

b. Read the code of conduct and **pick out** specific words referring to playing basketball.

c. Write down five things players must do to behave properly.

Grammar SPOT

Individuals become teams **who** honour the legacy... • You're part of a community **that** has a place for all. (doc 2 p. 43)

Comment appelle-t-on les termes en gras ? Quels mots reprennent-ils ?

1. honesty
2. get over
3. *forces*
4. *faiblesses*

2 Building a community

WB p. 41

Doc 1 — Video

▲ The Australian Diamonds netball team playing against New Zealand.

a. **Identify** the sport and the country.

b. **Say** who the interviewer is.

c. **Give** details about the attitude of the players on the court.

Phonology SPOT — Audio

us • nurtured • community • used (doc 2)

Écoute et répète ces mots. Comment les lettres en rouge sont-elles prononcées ?

Doc 2 — Video

▲ GAA (Gaelic Athletic Association) sports players (2019).

a. **Look** at the picture and **read** the culture spot. **Guess** which sports are represented.

b. **Watch** the video and **describe** the people.

c. **Explain** how the GAA brings people together.

Culture SPOT

The Gaelic Athletic Association, or **GAA**, governs four Irish games:

- **Hurling** is a field game played by two teams using a wooden stick and a small ball.
- **Gaelic football** is a mixture of rugby and European football.
- **Gaelic handball** is a sport where players hit a small ball with their hand.
- **Rounders** is a bat-and-ball game similar to baseball.

Your mission

Choose a team sport and write its manifesto or code of conduct.

1. **Explain** how players must play and behave.
2. **Say** what is important in this sport and how it brings people together.

WB p. 43

Build your skills! Écrire un code de conduite

- Utilise l'impératif pour formuler des principes : *Listen to your coach.* • *Be patient with your teammates.*
- Choisis les pronoms et déterminants de la 1re personne du pluriel : *We all belong.* • *It's our first day.*
- Emploie des pronoms relatifs pour détailler : *A community that has a place for all...* • *Coaches love players who try a little harder...*

Build your English p. 47

Quiz — TEST your grammar & vocabulary — college.nathan.fr/4sb43

Sports role models

1 Lebron James

WB p. 44

All your life you are told the things you **cannot do**.
All your life they will say you're **not good enough**
or **strong enough** or **talented enough**.
They will say you're the **wrong height**[1]
or the **wrong weight**[2] or the **wrong type**
to play this or be this or achieve this.
THEY WILL TELL YOU NO.
A **thousand** times no.
Until all the nos become **meaningless**[3].
All your life they will tell you no.
Quite firmly and very quickly.
AND YOU WILL TELL THEM YES.

▲ Lebron James's quote used for a Nike advert.

1. *taille*
2. *poids*
3. *insignifiants*

a. Read the document and **identify** the athlete and the sport.
b. Guess who "they" are.
c. List all the repetitions and **explain** the athlete's intention.

2 Siya Kolisi

WB DIFFÉRENCIATION p. 45

Video

▲ Siya Kolisi, captain of the South African rugby team (the Springboks), posing with his fans in Johannesburg, South Africa (2019).

Culture SPOT

During **apartheid** (1948-1994) Black South Africans were segregated from their white countrymen. They weren't allowed to access rugby pitches or training facilities. In 1995 **Nelson Mandela** used the World Cup in South Africa and the **Springbok** symbol to unite the country.

a. Describe the atmosphere in the photo.
b. Watch the video and **pick out** the words that describe Siya Kolisi's childhood.
c. Name the people he wants to represent.

How to shine in listening p. 124

3 Ellen White

WB p. 46

1) What's your earliest memory?

I would say playing football in the garden with my brother. […] I also remember having West Ham[1] wallpaper[2] as a kid as well, so it pretty much always involved football.

2) What do you like most about yourself?

That is a hard question, isn't it? I think the thing I love most about myself is probably that I am pretty loyal, and I want to put everyone before myself. […]

3) What makes you most angry?

Someone who isn't loyal, is dishonest or people who are a little bit selfish. […]

4) Who is your biggest influence?

Growing up, my biggest influence was my mum and dad, brother and sister. […]

5) How do you react under pressure?

I like pressure. I want to play in big tournaments and big games, and I like that pressure. […]

6) How would you like to be remembered?

I want to be remembered for being a good person first and foremost[3]. Being remembered as an alright footballer would be nice as well.

englandfootball.com, 2022

1. English football club 2. *papier peint* 3. *avant tout*

PAIR WORK

a. **Look** at the pictures and **say** who Ellen White is.
b. **Read** the interview and **pick out** the words defining her character.
c. **Explain** the role played by her family.

Grammar SPOT

What makes you most angry? •
How do you react under pressure? (doc 2)

Repère le sujet dans ces phrases interrogatives. Compare leur construction.

Your mission

Choose one of the sports role models on pages 44-45 and think of six questions you could ask him or her.

1 **List** the themes you want to explore (family, childhood, personality, values).
2 **Write down** one or two questions for each theme.

WB p. 47

Build your skills! Poser des questions lors d'un entretien

- Utilise des questions fermées pour valider une information : *Did you want to be a football player when you were a child?*
- Utilise des questions ouvertes pour avoir une réponse étoffée : *Who is your biggest influence?*

Build your English p. 47

Quiz
TEST your grammar & vocabulary
college.nathan.fr/4sb45

Game on!

EXO Interactive game
college.nathan.fr/4sb46

SPORTS FAN

How to play

PAIR WORK

- **Get** into pairs and **hide** the statements at the bottom of the page.
- **Reveal** the first statement, **read** it and **point** to the athlete. The first player with his or her finger on the picture notes the name down.
- **Carry on** with the following statements.
- **Listen** to the right answers given by your teacher and **count** your points.

1. This athlete plays netball.
2. This athlete played in the Super Bowl.
3. This athlete is a GAA player.
4. This athlete is an NBA player.
5. This athlete is Irish.
6. This athlete is a Lioness.
7. This athlete is a European champion.
8. This athlete plays for Australia.
9. This athlete is South African.
10. This athlete wears cleats and protective gear.
11. This athlete plays for the Springboks.
12. This athlete practises dribbling, shooting, passing, rebounding and defence.

+ EXERCISES p. 153

Vidéo GRAMMAR tuto

A Poser des questions

LES QUESTIONS FERMÉES
= Yes/No questions

On peut y **répondre par oui ou non.**

Auxiliaire + Sujet + Verbe

Do you know netball?
→ **Yes**, I do.

Does he play American football?
→ **No**, he doesn't.

Don't they support the All Blacks?
→ **Yes**, they do.

LES QUESTIONS OUVERTES
= WH- questions

Elles commencent par un **mot interrogatif** indiquant le **type d'information attendue.**

Mot interrogatif + Auxiliaire + Sujet + Verbe

Where do you play Gaelic football?
→ I play **in Limerick**.

How often does she train?
→ She trains **every Saturday**.

Which sport don't they play?
→ We don't play **American football**.

- Where *(Où)*
- When *(Quand)*
- Who *(Qui)*
- Why *(Pourquoi)*
- What *(Que/Quoi/Quel)*
- Which *(Lequel)*
- How *(Comment)*

Quand le mot interrogatif est sujet de la question, il n'y a pas d'auxiliaire.

Who won the Super Bowl?
The Los Angeles Rams did.

⚠ ***Be*** **est à la fois verbe et auxiliaire.**

Are you a rugby fan? **Yes,** I am!   What is Gaelic football? It is a popular Irish sport.

1 Pose la question sur l'élément en bleu.

a. The Springboks played yesterday.
b. Marcus Rashford is a very popular football player in England.
c. The Super Bowl takes place on Sunday.
d. My brother plays Gaelic football at school.

2 Écris deux questions ouvertes et deux questions fermées à propos de ces athlètes.

◀ Basketball players winning the World Cup in Australia (2022).

How to shine in grammar p. 135

B Relier les phrases à l'aide de pronoms relatifs

→ Le pronom relatif dépend de l'**antécédent** et de la **fonction** qu'il occupe dans la subordonnée relative : sujet ou complément.

Antécédent	Pronom relatif sujet	Pronom relatif complément
Humain	The player who scored is Megan Rapinoe.	The player (that) I met was Megan Rapinoe.
Objet	The rugby game that took **place yesterday** was amazing.	The rugby game that I saw was amazing.
Lieu		The stadium where they played was Wembley.
Moment		The moment when he kicked **the ball** was decisive.
Phrase entière	They saw the All Blacks, which was **magical**.	They saw the All Blacks, which I find **incredible**!

3 Complète avec le pronom relatif qui convient.

a. The supporters ... came to the Super Bowl were excited!
b. I knew they were champions the moment ... I saw them on the pitch!
c. The city ... I played football is Manchester.
d. The team ... won the world final is incredible.
e. Siya Kolisi trained a lot as a teenager, ... made him an excellent player.

How to shine in grammar p. 140

Build your English!

WORDMAP

WB p. 35

Game time

- coach
- field = pitch
- goal
- goalkeeper
- player
- referee
- individual (≠ team)
- attack ≠ defend
- catch
- pass
- shoot
- backwards ≠ forwards
- quickly ≠ slowly

Team sports

- basketball
- changing rooms (UK) = locker rooms (US)
- Gaelic /'gælɪk/ football
- league
- NBA (National Basketball Association)
- netball
- opposition /ˌɒpə'zɪʃən/
- Premier /'premiə/ League (UK)
- soccer (US) = football (UK)
- squad = team
- Super Bowl (US)
- teammate
- protective (gear)
- train
- against

Around the game

- advert (UK) = commercial (US) /kə'mɜːʃəl/
- analysis /ə'næləsɪs/
- anthem
- cheerleader
- event
- fans = supporters
- haka
- halftime show
- marching band
- pompom
- loud
- loyal
- comment (on)
- perform /pə'fɔːm/

Togetherness

- community /kə'mjuːnəti/
- ethics
- friendship
- huddle
- motto
- strength ≠ weakness
- proud /praʊd/
- supportive
- belong
- give
- play for
- respect
- share /ʃeə/
- together

Role models

- code of conduct
- dignity
- leader
- legacy
- rule
- values
- gracious (fair play)
- humble = modest
- meaningless ≠ meaningful
- popular
- talented
- achieve /ə'tʃiːv/
- be remembered as
- improve
- influence
- inspire
- master
- set an example
- take responsibility /rɪspɒnsɪ'bɪləti/
- enough /ɪ'nʌf/
- firmly
- skillfully

Noun | Adjective | Verb | Adverb or preposition

VOCABULARY

EXERCISES p. 153

1 Guess the sports, then write your own riddle.

a. It is probably the most popular sport on the planet. It is played eleven versus eleven. Only the goalkeeper can touch the ball with their hands: ...

b. It is very popular in the British Isles and the southern hemisphere. It is played fifteen versus fifteen with an oval ball. You can't pass the ball forwards: ...

c. It is very popular in Ireland. It is played fifteen versus fifteen with a round ball. It resembles both rugby and football: ...

2 Name the sport and say everything you can about it.

a. MANCHESTER UNITED

b. CHICAGO BULLS

c. NEW YORK JETS

d. CORCAIGH

e. ALL BLACKS

3 Name the opposite.

a. meaningless ≠ ...

b. weakness ≠ ...

c. apart ≠ ...

d. quickly ≠ ...

e. individual ≠ ...

We're gracious and we're humble, and we play the game a certain way, whether we win or lose.

Megan Rapinoe

4 Rephrase this quote by Megan Rapinoe, co-captain of the American soccer team.

How to shine in vocabulary p. 146

PHONOLOGY

A L'intonation des questions

→ En anglais, l'intonation des questions varie selon leur type : ouverte (*WH- question*) ou fermée (*yes/no question*).

→ L'intonation descend en fin de question ouverte.

- When did you see an NBA game? ↘

→ L'intonation monte en fin de question fermée.

- Is she a netball player? ↗

1 Écoute, repère l'intonation des questions, puis répète. Audio

a. Who is this American football player?

b. Did you watch the football game last Friday?

c. What sport do you practise?

d. Is she a basketball fan?

2 Prononce ces questions, puis écoute et vérifie l'intonation. Audio

a. Are they into rugby?

b. When did he start playing Gaelic football?

c. Why didn't you come to the Super Bowl last Sunday?

How to shine in phonology p. 145

B La prononciation de la graphie <u>

→ La lettre <u> ne se prononce pas toujours de la même manière en anglais.

<u> { rugby /ʌ/ • turn /ɜː/ • blue /uː/
supporters /ə/ • push /ʊ/ • united /juː/ }

3 Écoute et répète ces mots en faisant attention à la prononciation de la lettre <u>. Audio

rule • supportive • humble • Super Bowl • huddle • popular • Bulls

4 Lis ces mots et anticipe la prononciation de la lettre <u>, puis écoute et répète. Audio

stadium • community • influence • human • future • values • conduct

How to shine in phonology p. 142

Your FINAL mission

As a team-sport player, interview your sports role model.

WB p. 48

→ **Team-sport player:** you are a teenage team-sport player and you get the opportunity to **interview** an athlete who inspires you.

→ **Sports role model:** you are a famous sportsman or sportswoman. **Answer** the teenager's questions by putting forward the values you want to defend.

STEP 1 ▶ **Choose** a partner and **define** your roles.

STEP 2 ▶ **Prepare** the interview:

As an interviewer

– **Take notes** on what you want to know about the sports role model's life.

– **Prepare** questions you can ask.

– **Introduce** yourself and the athlete. **Ask** questions about his or her sports life.

As a sports role model

– **Choose** someone who is a great inspiration for the next generation.

– **Take notes** on his or her life, personality, achievements and values.

– **Answer** the interviewer's questions.

STEP 3 ▶ **Act out** the interview. **Make** it lively and **respect** the intonation.

YES YOU CAN!

Give an interview.

1 L'introduction

- Présente-toi ainsi que le sport que tu pratiques.
- Présente la personne que tu t'apprêtes à interviewer.

Hi guys I'm Tegan Philip and I'm a goal attack with the Australian Diamonds Netball Team. • So now we're going to chat to the team.

▶ Video

2 Les questions

Pose des questions pertinentes sur la vie, les réussites, les réactions, les passions, les opinions ou encore les valeurs de l'athlète interviewé(e).

What player has a different personality on and off the court? • What are you most looking forward to about this international season coming up?

3 L'intonation

- Respecte l'intonation des questions.
- Appelle l'athlète par son prénom.

What piece of advice would you give a young netballer that's wanting to strive and achieve in netball? • Now, Liz / Gaby…

4 Les réponses

- Invente les réponses de l'athlète que tu as choisi(e) en t'inspirant de ce que tu connais de lui ou d'elle.
- N'hésite pas à mettre en avant son sport et ses valeurs.

Being on my team it'll be so great! • You've got that smiley happy face but when you step out on court it's "game face", you're angry.

5 L'attitude

- Montre-toi aussi naturel(le) que possible et fais preuve d'enthousiasme !
- Mets en avant ce que ton équipe représente pour toi !

Play with your friends, have as much fun as possible!

How to shine in interacting p. 128

Test your skills!

Compréhension de l'oral

A2+/B1 **Objectif** Comprendre une interview

Video

▲ Aaron Cruden, Sam Cane, Ma'a Nonu and Sam Whitelock from the All Blacks, New Zealand rugby team.

- A2 **1** **Watch** the video and **say** who the speakers are.
- **2** **Identify** the topic of the video.
- A2+ **3** **Give** information about the attitude of the players.
- B1 **4** **Say** what the players are constantly trying to improve.

Compréhension de l'écrit

A2+/B1 **Objectif** Comprendre un article en ligne

Arsenal star Bukayo Saka inspires youngsters as he makes a return to his old school

ARSENAL STAR Bukayo Saka certainly scored with the children of Edward Betham Primary School in Greenford, west London this week. [...]

Saka, who inspired the kids [...] said via Twitter: "Special feeling going back to my primary school yesterday. Just a few years ago I was in the same shoes of all the kids who are young with big dreams and I hope my return will remind them to believe they can achieve anything!"

Saka, who has Nigerian heritage, has shone[1] like a beacon for the Gunners[2] since making his debut for the north London club. [...]

Last summer, Saka was nominated for Freedom of the Borough by Ealing Council leader Peter Mason. [...]

"Everyone in Ealing shares an incredible sense of pride that one of our own represented England at Wembley at Euro 2020. His is a remarkable story of talent and achievement that everyone can take hope, inspiration and encouragement from."

voice-online.co.uk, 2022

- A2 **1** **Find** the name of the player, his sport and his team.
- **2** **Give** details about the player.
- A2+ **3** **Identify** the event mentioned in the article.
- **4** **Explain** the relationship between the player and the kids.
- B1 **5** **Say** who he inspires and why.

Quiz

TEST de positionnement

college.nathan.fr/**4sb51**

1. *brillé* 2. Arsenal football club

Snapfile 5 Titanic stories

▶ **Who are the people behind the legendary Titanic?**

Your SNAP mission

Create a "Titanic stories" leaflet for Belfast's Titanic museum.

1 Belfast, Titanic city

WB DIFFÉRENCIATION p. 49

▲ Belfast, Ireland.

◀ Titanic Belfast, a visitor attraction opened in 2012 where the Titanic was built.

Doc 1

Video

a. **Look** at the photo (doc 1) and **explain** what the building is.

b. **Watch** the video and **say** where and when the visitors are transported.

c. **Describe** their experience.

Grammar SPOT

Thomas Andrews **designed** Titanic. He **began** his apprenticeship aged 16.

À quel temps les verbes de cette phrase sont-ils ? Donne l'infinitif de chacun.

Doc 2 — Video

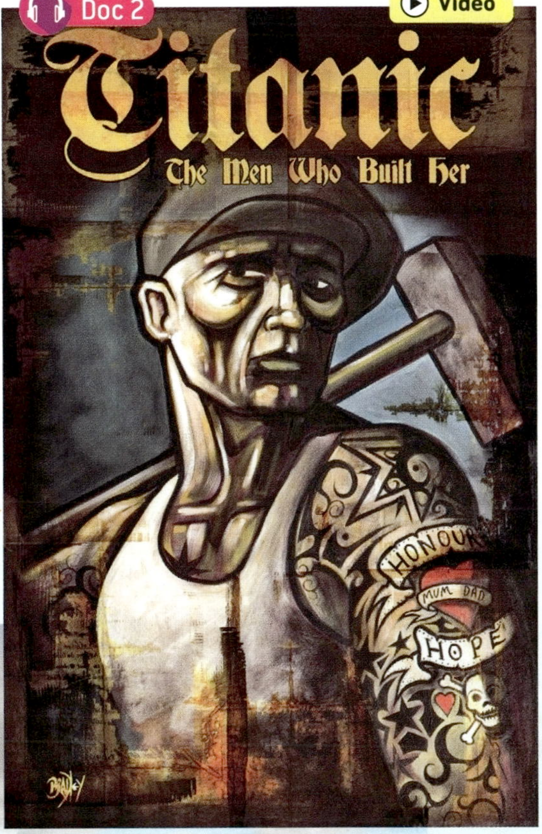

a. **Look** at the painting and **say** who the man is.
b. **Watch** the video and **describe** Belfast at that time.
c. **Pick out** information about Alfie Cunningham and Tommy Miller.

◀ Painting by Terry Bradley (2012).

Doc 3

▲ Thomas Andrews (born in 1873 near Belfast – died in 1912 in the Atlantic Ocean), as portrayed in the film *Titanic* (1997).

Thomas Andrews, the naval architect who designed Titanic began his apprenticeship at Harland and Wolff aged 16. Just a decade later, he had risen to become the shipbuilder's head of design[1]. He oversaw[2] the building of Titanic and was aboard during its maiden[3] voyage, to make note of any minor improvements that might be needed.

Joe FULLMAN, *The Story of Titanic for Children*, 2018

1. *directeur du bureau de dessin* 2. supervised 3. first

a. **Read** the text and **give** information about the man.
b. **Explain** why his death was tragic.

Your SNAP mission STEP 1

For your leaflet, present the ship's birthplace and one of the men who built her.

1 **Introduce** the Titanic's birthplace: time, city, country, specificities, working activities…

2 **Choose** one of the men on this page and **write** a short paragraph about his life.

WB p. 52

Build your skills! Décrire dans le passé

- Emploie ***be*** au prétérit pour présenter une personne ou un lieu : *Belfast **was** Ireland's industrial heart.* • *They **were** about to enter legend.*
- Choisis des verbes précis pour décrire le Titanic et ses origines : *This is the slipway that **launched** the Titanic.* • *Thomas Andrews **designed** Titanic.*
- Utilise des marqueurs temporels pour situer ton récit dans le passé : *The city was very industrial **back then**.* • *Shipbuilding employed lots of people **one hundred years ago**.*

Build your English p. 56

2 All aboard!

WB DIFFÉRENCIATION p. 53

Doc 1

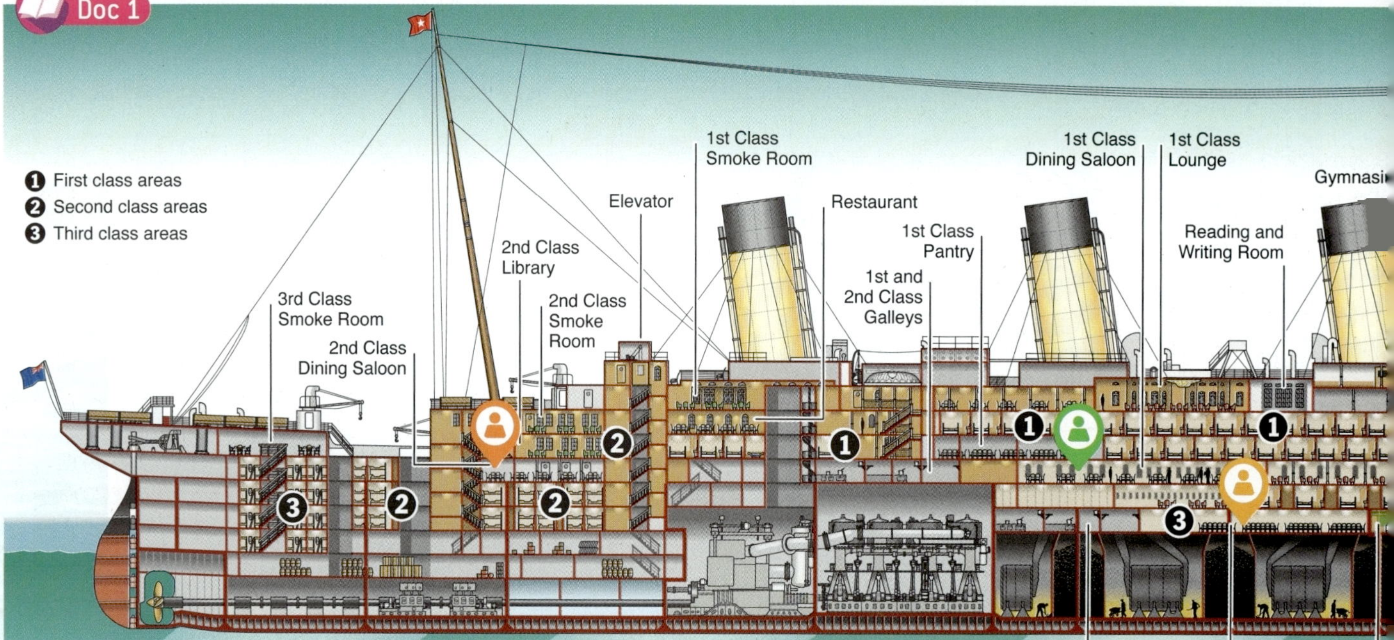

RMS TITANIC SPECIFICATIONS

Length	270m	Total horsepower	46,000
Beam	28m	Service speed	21 knots
Tonnage	46,329	Top speed	23-24 knots

Doc 2 — Video

▲ Annie Kate Kelly as portrayed in the documentary *The Addergoole 14* (2018).

Phonology SPOT — Audio

invited • survived • worked (doc 3)

Écoute ces trois verbes au prétérit et identifie le son de chaque terminaison en *-ed*.

TEAM A

a. **Watch** the video and **name** Annie's destination and her starting point (doc 2).

b. **Explain** Annie's reason for travelling.

TEAM B

a. **Listen** to the audio and **identify** Wallace's occupation on board the ship (doc 3).

b. **Explain** why Wallace is considered a hero.

TEAM C

a. **Read** the text and **find** Molly's reason for travelling (doc 4).

b. **Explain** what happened to Molly on board.

c. Now **share** your information with the other teams and **spot** each passenger on the ship (doc 1) according to their class.

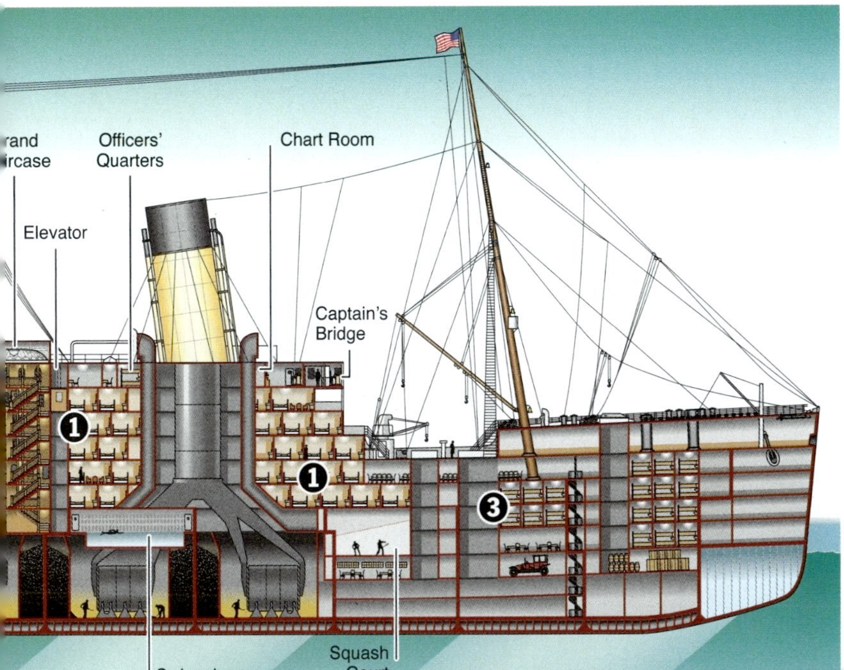

PASSENGERS AND CREW: 2,201	CASUALTIES: 1,490
1st class **325 / *122*** *(38%)*	3rd class **706 / *528*** *(75%)*
2nd class **285 / *167*** *(59%)*	Crew **885 / *673*** *(76%)*

Doc 3 — Audio

▲ Wallace Hartley as portrayed in the film *Titanic* (1997).

Molly Brown ▶ as portrayed in the film *Titanic* (1997).

Doc 4

Molly Brown (1867-1932) was an American human-rights activist, philanthropist[1] and actress who survived the sinking of the RMS Titanic. Brown and her husband moved to Denver, Colorado, after achieving great prosperity[2] through the discovery of gold at one of his mines in 1893. While travelling in Europe, Brown got word[3] that her grandson was ill, and subsequently booked a trip back to the United States on the RMS Titanic, famously surviving the ship's sinking. She later took up a number of activist causes, including women's suffrage and workers' rights, and also worked as an actress. She died on October 26, 1932 in New York City.

biography.com, 2017

1. person who gives money to the poor 2. fortune 3. heard

Your SNAP mission STEP 2

Keep on making your leaflet.

1 **Choose** a passenger and **sum up** his or her life.

2 **Explain** why he or she had an extraordinary destiny.

3 **Get** into groups of three, **put** your work together (steps 1 and 2) and **design** your leaflet.

WB p. 56

Build your skills! Écrire une courte biographie

- Utilise le prétérit pour relater les étapes d'une vie : *Wallace **was** born in Colne. • At the age of 5 he **could** play the violin beautifully. • Molly Brown **died** on October 26, 1932 in New York City.*
- Structure ton récit avec des connecteurs temporels : ***While** travelling in Europe, Brown got word that her grandson was ill… • She **later** took up a number of causes.*

Build your English p. 56

Quiz
TEST de positionnement
college.nathan.fr/**4sb55**

Build your English!

GRAMMAR

+ EXERCISES p. 154

→ Raconter des faits passés datés avec le prétérit simple

▶ Vidéo GRAMMAR tuto

QUESTIONS ?

WH-	Auxiliaire	Sujet	Verbe	
When	did	the Titanic	leave	Southampton?
How	did	the passengers	feel	?
	Did	some people	sail	for the first time?

AFFIRMATIONS +

The Titanic left Southampton on April 10th, 1912. The passengers felt very excited.
(left : prétérit irrégulier ; felt : prétérit irrégulier)

Yes, some people sailed for the first time.
(sailed : prétérit régulier : BV-ed)

NÉGATIONS –

The passengers { did not / didn't } feel scared.

⚠ Be a deux formes au prétérit : I / he / she / it was — you / we / they were

? Was the Titanic a big ship?

+ Yes, it was huge! People were impressed.

– Most passengers { were not / weren't } American.

Apprends les verbes irréguliers au prétérit p. 158-159

1 Conjugue les verbes en bleu au prétérit simple.

a. The shipyard workers (feel) proud of the Titanic.

b. Some passengers (be) very happy to board, it (be) their first time on a ship!

c. When (the Titanic / sink)? It (sink) on April 15, 1912.

d. A few passengers (take) lifeboats, but many (not survive).

2 Tu travailles pour le musée du Titanic. Prépare le panneau de présentation de ce tableau en utilisant ces expressions.

travel — take the boat — have fun — walk on the decks — relax — play cards — listen to music — chat — enjoy the view

How to shine in grammar p. 137

PHONOLOGY

→ La prononciation de la terminaison *-ed*

→ La **terminaison *-ed*** du **prétérit**, ainsi que du **participe passé** des verbes réguliers, peut se prononcer /t/, /d/, ou /ɪd/.

Son précédant *-ed*	/p/, /k/, /f/, /s/, /tʃ/ ou /ʃ/	/t/ ou /d/	Tous les autres sons !
Prononciation de *-ed*	/t/	/ɪd/	/d/
Exemples	worked • launched	boarded • constructed • started	travelled • moved • survived

1 Écoute et répète ces verbes, puis classe-les selon la prononciation du *-ed* final. Audio

designed — visited — watched — defended — played — sailed — died — started — relaxed — called

2 Anticipe la prononciation des verbes, puis écoute et vérifie. Audio

A lot of people wanted to travel on board the Titanic. Some of them wished to join a family member who lived in the USA.

How to shine in phonology p. 142

VOCABULARY

EXERCISES p. 154

BUILDING THE TITANIC

- **ar**chitect
- **met**al /metl/
- **ship**builder
- **ship**building
- **ship**yard = yard
- steel: *acier*
- **work**ers
- im**press**ive
- in**dus**trial
- build /bɪld/

A TRAGEDY

- death
- **ice**berg
- **life**boat
- **pan**ic
- ill-**fat**ed = un**for**tunate
- die
- hit
- scream = shout
- sink
- sur**vive** /sə'vaɪv/

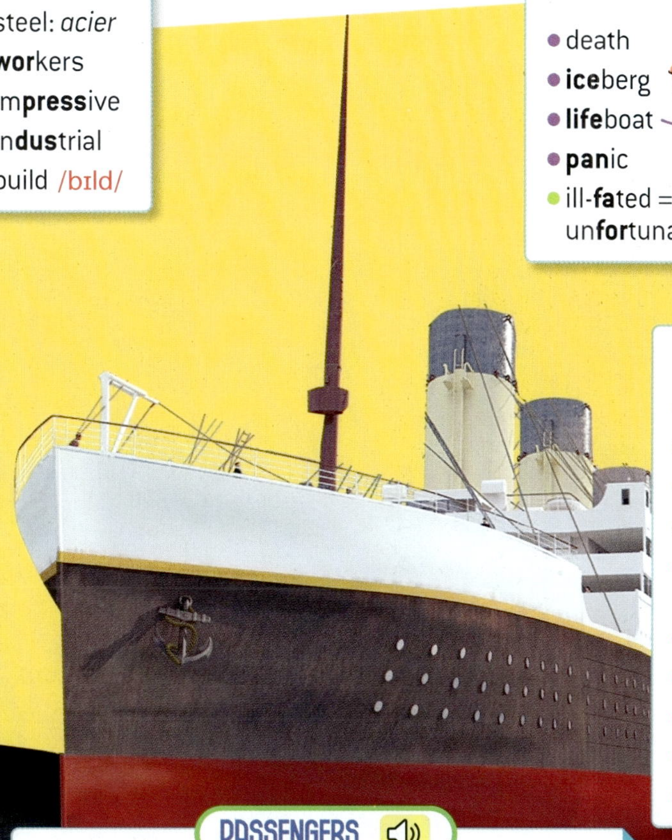

A LEGENDARY SHIP

- **cab**in /'kæbɪn/
- deck
- **en**gine /'endʒɪn/ = **mo**tor
- **pri**vate **bath**rooms
- steam **li**ner /'laɪnə/: *paquebot*
- **sto**ries = floors = **le**vels
- **ves**sel = ship = boat
- **win**dow
- safe /seɪf/
- **splen**did
- un**sink**able /ˌʌn'sɪŋkəbl/
- float

ON BOARD

- **ball**room
- dance **par**ties
- **li**brary /'laɪbrəri/
- **mu**sic
- cross the **o**cean /'əʊʃn/
- drink tea
- en**joy** games
- re**lax**
- **tra**vel
- write **let**ters

PASSENGERS

- band **mas**ter
- crew **mem**bers
- first-**class** / second-**class** / third-**class pass**engers
- **em**igrants ≠ **im**migrants
- dis**tinct** /dɪ'stɪŋkt/
- rich ≠ poor
- **em**igrate /'emɪgreɪt/ ≠ **im**migrate

- Noun
- Adjective
- Verb

1 **Unscramble the letters and discover the mystery word!**

TACHETCIR	_ _ _ _ _ _ _ [2] _ _
YSPRHDAI	[5] _ _ _ _ [4] _ _
EMRALTEISN	_ [6] _ _ _ _ _ _ _ _
YIRBLRA	[3] _ _ _ _ _ _
BAINC	_ _ [1] _ _

Mystery word: _ _ _ F _ _ _ (1 2 3 4 5 6)

2 **Write down as many elements as you can to describe the Titanic and life on board!**

3 **Get into pairs!**

Partner A Choose one of these passengers or workers.

Alfie Cunningham · Tommy Miller · Annie Kate Kelly · Thomas Andrews · Wallace Hartley · Molly Brown

Partner B Tell his or her life story in the past tense using at least five words from the word map.

Then, swap roles.

How to shine in vocabulary p. 146

FILE 6

Spooky doubles

What characterises evil twins in fantastic fiction?

Your FINAL mission

Write a diary entry to describe an encounter with your own spooky double.

An illustration for *The Picture of Dorian Gray*, a novel by Oscar Wilde (1890).

Video

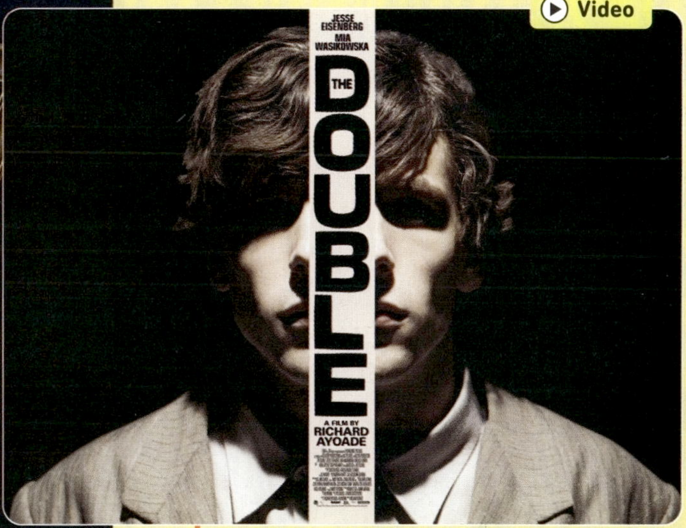

The Double, film by Richard Ayoade (2013).

WB p. 57

1. **Look** at the illustration and **imagine** what is happening.
2. **Observe** the film poster, **watch** the extract and **identify** what is spooky about the situation.

Game on!

3. **Vocabulary challenge!** In teams, **give** a word (*ex. black*) and the opposite team has to give the antonym (*ex. white*). **Swap** roles after each word.

The other me

1 One person, two faces

WB p. 58

Doc 1

In *Hotel Transylvania: Transformania* (2022) Dracula and other characters are hit by a ray. This ray transforms him and his monster friends into humans, while a human (Johnny) is changed into a monster! Dracula travels to South America to reverse the transformation.

Grammar SPOT

This ray transforms him into a human **while** a human is changed into a monster. (doc 1) • The boy has a normal life, **whereas** Vincent is a scary character. (doc 2)

Observe les mots en gras. Quel lien font-ils entre les deux parties de chaque phrase ?

AT HOME **Watch** the *Transformania* trailer or *Vincent* and **write** a short physical and moral description of Dracula or Vincent.

Video college.nathan.fr/**4sb060a**

Video college.nathan.fr/**4sb060b**

TEAM WORK

a. **React** to the poster (**doc 1** for TEAM A and **doc 2** for TEAM B). **Find** the similarities and the differences between the two sides.

b. **Read** the text corresponding to your poster. **Say** what you know about the character and who he wants to be.

c. **Present** your character to the other team. **Find** the common points and the differences between the two characters.

Doc 2

In Tim Burton's short film *Vincent* (1982) young Vincent Malloy wants to be just like Vincent Price, an actor in horror films. The little boy has a nice, normal life with his sister and parents, whereas Vincent Price is a scary, tormented character living in a big creepy house.

2 The monster within

WB DIFFÉRENCIATION p. 59

Audio version

Doctor Jekyll's confession

I was born in the year 18-. […] The outside world saw a serious, hard-working doctor. Behind this quiet character, however, was an active, fun-loving young man-about-town[1]. […] Both[2] these people were me. The serious, successful young doctor was me, and the wild, fun-loving, irresponsible young man was me too. I thought about this for a long time and slowly realised that I was not extraordinary in this. Every man has two sides to his character.

At that time, the good side of my character was stronger than the evil side. Henry Jekyll had his faults, but he was mostly a good, kind man. I cannot be sure, but I believe that is the reason why Edward Hyde was so much smaller than Henry Jekyll. But that was not the only difference between the two men. Henry Jekyll had a kind, open, honest face. Pure evil stared[3] out of Edward Hyde's eyes.

Robert Louis Stevenson, *The Strange Case of Dr Jekyll and Mr Hyde*, 1886, retold by Rosemary Border

1. trendy, fashionable man 2. *tous les deux* 3. watched intensely

▲ Dr Jekyll and his double, spooky Mr Hyde.

a. **Look** at the picture and **compare** the two men.

b. **Read** the text and **pick out** words and expressions relating to Dr Jekyll and Mr Hyde.

c. **Comment** on the sentence "*Every man has two sides to his character.*"

Grammar SPOT

Is evil **more powerful** than good? • Hyde was **smaller** than Jekyll.

À quoi servent les mots en gras ?

Your mission

Imagine the hero of a film or book, and his or her spooky double. Create two picture cards to represent the two sides of his or her personality.

1 **Find** or **draw** two pictures to represent the doubles.

2 For each picture, **write** a short physical and moral description.

3 **Compare** the two orally.

WB p. 61

Build your skills! Faire un portrait moral et physique

- Utilise les verbes *be* ou *have* au prétérit pour décrire quelqu'un : *Dr Jekyll **had** a kind face.* • *He **was** a good man.*
- Donne des précisions avec des adjectifs, qui peuvent être à la forme comparative : *a **scary**, **tormented** character* • *the **serious successful young** doctor* • *Hyde was **smaller** than Jekyll.*

Build your English p. 67

Quiz
TEST your grammar & vocabulary
college.nathan.fr/**4sb61**

A terrifying transformation

WB DIFFÉRENCIATION p. 62

Audio version

1. came to me
2. studying
3. searching
4. bottles
5. mix
6. smelling bad
7. *gorgée*
8. *douleurs intenables*
9. *grincement*

a. **Look** at the first picture. **Describe** the scene and atmosphere.

b. **Read** the whole comic strip. **Pick out** words about science and **describe** the scientist's experiment.

c. **Recap** what he did and **say** how he felt before, during and after the experiment.

d. **Listen** to the audio version and **read** it **out** loud.

AT HOME Watch this extract from *Frankenstein* (1931) and **describe** what the scientist did.

Video
college.nathan.fr/**4sb62**

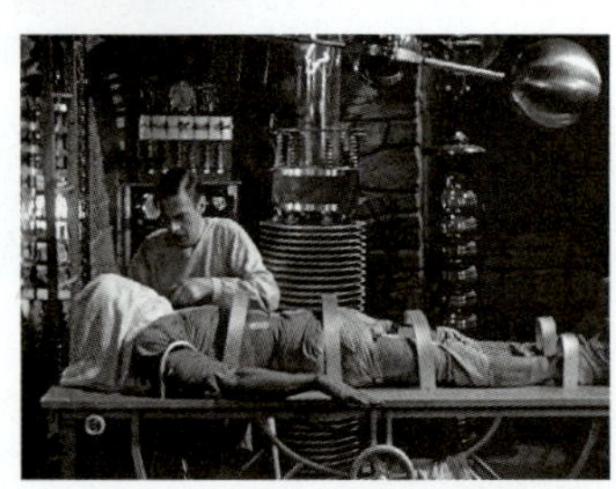

1. calmed down
2. be conscious again
3. disappeared
4. *comme de la buée sur du verre*
5. *âme*
6. *dépérissant*

Sabrina Cotugno, *The Glass Scientists*, Chapter 6 *The Modern Prometheus*, 2015-present

Phonology SPOT

idea • chemicals • birth • prisoner

Écoute ces mots. Comment est prononcée la lettre <i> ?

Audio

Your challenge

WB p. 65

Create and act out a scene of transformation!

WAY 1

You are a scientist and an assistant in a lab. **Invent** and **act out** a conversation about a transformative experiment!

WAY 2

You are a scientist and his or her creation. The scientist **explains** to the creature how (s)he was born! **Act out** the conversation.

I have an idea for an experiment!

What do you want to do?

How was I born?

I created you from one of my hairs...

Quiz

TEST your grammar & vocabulary

college.nathan.fr/4sb63

Double trouble

1 Meeting the monster

WB DIFFÉRENCIATION p. 66

▲ Dr Frankenstein and the monster in a colourised version of *Frankenstein* (1931).

Grammar SPOT

Suddenly, I **saw** a man on the ice. • He **was coming** quickly towards me. • I **wanted** to fight him.

Observe les verbes en gras. Quelles sont les deux formes du prétérit utilisées ? Laquelle décrit une action en cours de déroulement ?

Audio version

Suddenly, I saw a man on the ice. He was quite far away, but he was coming quickly towards me. The man took long steps[1], across the ice. Then I realised who it was. It was the monster! I was angry and I was frightened. I wanted to fight him. I wanted to kill him.

"Go away, you terrible monster!" I screamed. "Or stay and die! I want to destroy you. But I cannot bring back the two people that you have killed!"

"Everybody hates me, and you hate me too," replied the monster. "But you created me. You are responsible for me. You made me, but now you want to destroy me. You do not know my misery. How can you play with life like this? Please listen to me and help me. Do what I ask. Then I will leave you and be good. I will never see you again. I will not make any trouble for you. And I will not hurt anyone again. If you refuse, I will kill all your friends!"

Mary Shelley, *Frankenstein*, 1818, adapted by Deborah Tempest

1. *pas*

a. **Look** at the picture and **make** hypotheses about the situation.
b. **Read** the text and **identify** the characters.
c. **Pick out** words which are opposites.
d. **Explain** the two characters' feelings, and their intentions.

How to shine in reading p. 122

Phonology SPOT Audio

Suddenly, I saw a man on the ice. • Then I realised who it was. • I was angry and I was frightened.

Écoute ces phrases et repère les liaisons entre les mots. À quoi servent-elles ?

2 Changing faces

WB p. 67

Doc 1

Audio

▲ Dorian and his portrait in the British film *Dorian Gray* (2009).

TEAM WORK

TEAM A

a. **Listen** to the audio (doc 1) and **note down** information about Dorian Gray.

b. **Describe** what happened after Dorian made a wish.

TEAM B

a. **Read** the text (doc 2) and **say** what the servants found in the room.

b. **Imagine** and **describe** what happened before the servants arrived.

c. **Share** your part of the story with the other team and **recap** the relationship between Dorian and his portrait.

Doc 2

Audio version

He went in quietly, locking the door behind him. Walking straight to the portrait, he took off the purple curtain that was covering it. [...] There was a cry and a crash. The cry was so horrible that frightened servants woke and came out of their rooms. [...] When they entered the room they found a portrait hanging on the wall. It showed Mr Dorian Gray as they had last seen him, young and beautiful. Lying on the floor was a dead man in evening dress[1]. He had a knife in his heart. He was old and terribly ugly. It was not until they saw his rings that they recognized who the old man was.

Oscar Wilde, *The Portrait of Dorian Gray*, 1890,
adapted by Kieran McGovern

1. formal clothes

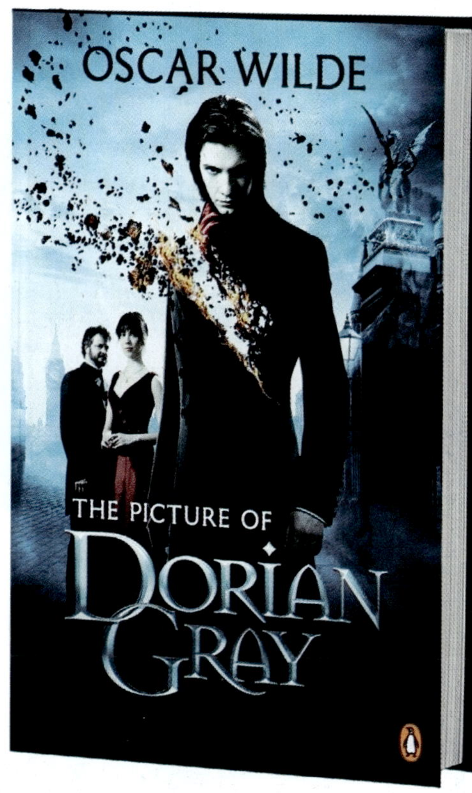

AT HOME **Watch** the video extract and **get ready** to say what Dorian discovers. What differences does he notice on the painting?

Video
college.nathan.fr/4sb65a

Your mission

Prepare and act out an interview between one of Dorian Gray's servants and a police officer called to the house.

Police officer **Imagine** and **ask** five questions about the events.

Servant **Answer** the questions, **say** what you were doing, what you saw, heard and understood that night.

WB p. 69

Build your skills! Raconter une scène passée

- Utilise le prétérit simple pour évoquer des actions qui se sont succédé dans le passé : *When they **entered** the room they **found** a portrait hanging on the wall. It **showed** Mr Dorian Gray...*
- Utilise le prétérit en *be* + V-*ing* pour décrire une action en cours dans le passé : *He **was coming** quickly towards me.* • *The purple curtain **was covering** the portrait.*

Build your English p. 67

Quiz
TEST your grammar & vocabulary
college.nathan.fr/4sb65b

Game on!

SPOOKY CONSEQUENCES

How to play

- **Start** with a sheet of paper.
- **Write** the first sentence of the story.
- **Fold** the paper to hide your sentence.
- **Pass** the sheet to your neighbour.
- **Continue** the story and **pass** it on each time!
- **Unfold** the paper at the end and **read** the story to the class!

FOLD 1
The time → Say when this happened (year, season, day…): *It was…*

FOLD 2
The place → Say where you were: *I was in / on / at…*

FOLD 3
The initial plot activity → Say what you were doing: *I was + V-ing (and + V-ing)…*

FOLD 4
Your feelings → Describe how you felt: *I felt…*

FOLD 5
The plot twist → Say what surprising thing happened: *Suddenly…*

FOLD 6
The encounter → Describe the type of spooky double you saw (reflection, portrait double, terrible twin…): *I saw…*

FOLD 7
Your spooky double → Say what was different about your spooky double: *My spooky double was… (S)he had…*

FOLD 8
Your reaction → Say what you said: *I said : "…"*

FOLD 9
The actions → Describe what happened next: *I… / (S)he…*

FOLD 10
The consequences → Say how the encounter ended: *I… / (S)he… / We…*

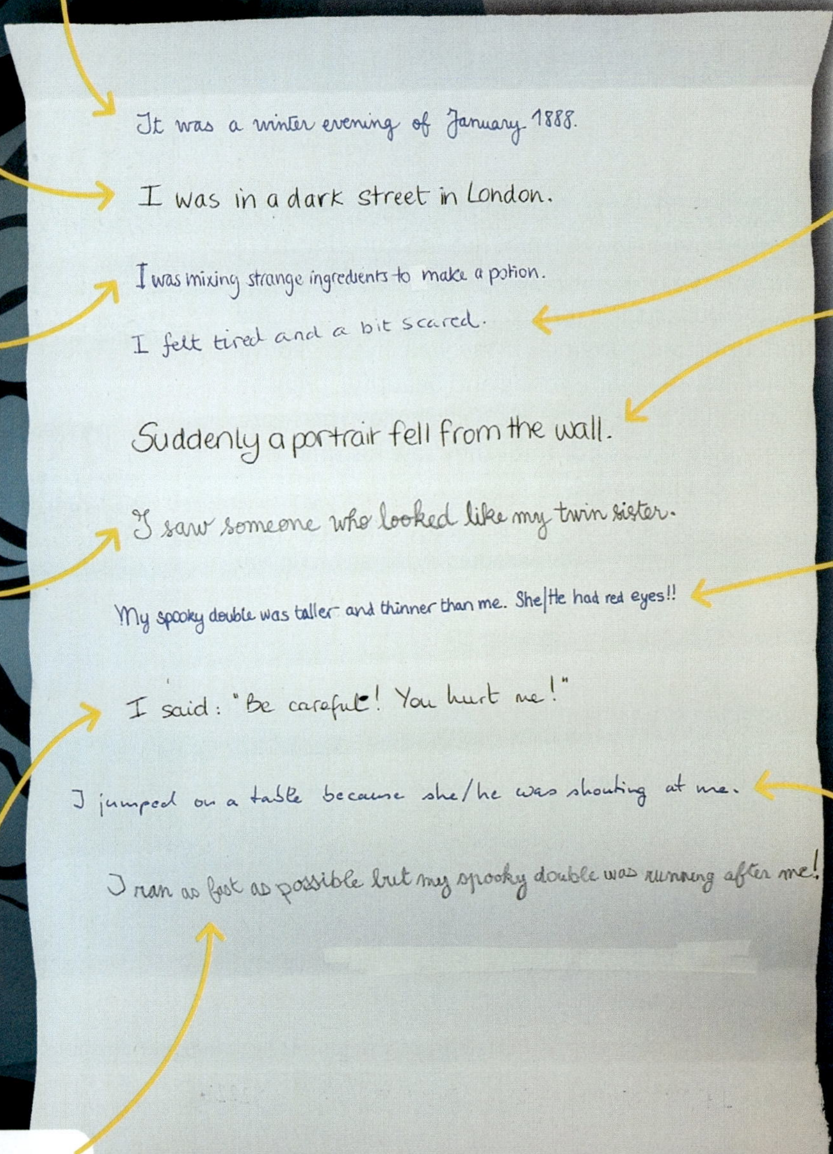

EXERCISES p. 154

Vidéo GRAMMAR tuto

A Évoquer des faits du passé à l'aide du prétérit simple et du prétérit en *be* + V-*ing*

Prétérit simple
V-*ed* ou prétérit irrégulier

Évoquer des faits passés sans les commenter.

Clare **lived** in London in the 1900s.

She **loved** science and often **did** experiments in her chemistry lab.

Prétérit en *be* + V-*ing*
be* au prétérit + V-*ing

Décrire une situation en cours dans le passé.

On 19 July 1907 at 19:07, she **was doing** an experiment. She **was singing** in her lab.

Alternance des 2 prétérits

Évoquer une action en cours interrompue par une action plus ponctuelle.

As she **was mixing** ingredients, the potion **exploded**...

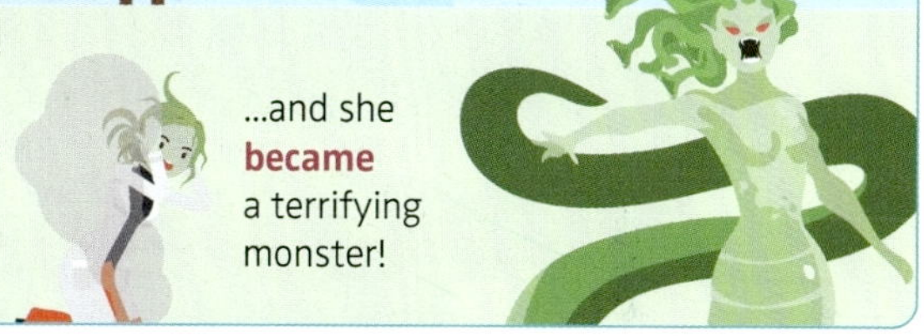

...and she **became** a terrifying monster!

1 **Choisis entre le prétérit simple et le prétérit en *be* + V-*ing* et justifie ton choix.**

a. Frankenstein examined / was examining the monster when it suddenly woke up / was waking up.

b. He looked / was looking at himself in the mirror when he realised / was realising he was growing old.

c. I read / was reading a spooky story last night and I loved / was loving it.

d. Last night, the mad scientist mixed / was mixing potions when the creature came / was coming to life.

2 **Mets ces verbes au prétérit simple ou au prétérit en *be* + V-*ing* selon la situation.**

a. She (read) a book when she (hear) a scream upstairs.

b. The monster (walk) on the ice when Frankenstein (see) him.

c. First, she (hear) a strange sound, then she (listen) carefully and she finally (rush) to the bedroom.

d. When he (discover) his portrait (age), he (panic).

How to shine in grammar p. 136

B Comparer avec le comparatif de l'adjectif ou avec *while* ou *whereas*

→ Pour comparer des personnes ou des éléments, on peut utiliser des adjectifs au **comparatif de supériorité**.

adjectif court + -*er* (+ *than*)	*more* + adjectif long (+ *than*)
The monster is **taller than** Frankenstein.	His evil double is **more frightening than** him.

⚠ Attention aux modifications orthographiques et aux adjectifs irréguliers :

• big → bigger • hot → hotter • spooky → spookier • good → **better** • bad → **worse**

→ On peut relier deux propositions par ***whereas*** ou ***while*** pour comparer ou opposer des éléments.

• Dr Jekyll is kind **whereas** Mr Hyde is cruel.

• Dorian remains young **while** his portrait is ageing.

3 **Mets l'adjectif entre parenthèses au comparatif de supériorité.**

a. Frankenstein is (intelligent) the monster, but the monster is (strong) than his creator.

b. Dorian Gray looks (young) than his portrait.

c. His double is (evil) and (ugly) than him!

4 **Compare Dr Jekyll et Mr Hyde avec ces adjectifs au comparatif ou *while* et *whereas*.**

tall · short · kind · dark · tormented · hideous · evil

How to shine in grammar p. 140

Build your English!

WORDMAP

WB p. 57

Personality

- **evil** /ˈiːvəl/ = bad, cruel
- **fun**-loving
- hard-**work**ing
- **hon**est /ˈɒnɪst/
- kind /kaɪnd/
- suc**cess**ful

Feelings

- fear
- **mis**ery ≠ **happ**iness
- pain /peɪn/ = **suff**ering
- pride /praɪd/
- **an**gry
- scared = **frigh**tened /ˈfraɪtənd/
- **terr**ified
- tor**men**ted
- **re**alise

Horror

- dark = **sin**ister
- **hid**eous = **terr**ibly **ug**ly ≠ **beau**tiful
- **mon**strous
- **sca**ry = **frigh**tening
- **spoo**ky = **cree**py
- wild
- like: *comme*

Art and creation

- cre**a**tion
- **por**trait /ˈpɔːtrət/
- **pain**ting
- scene /siːn/
- cre**ate**
- de**stroy**
- show

Science

- **chem**icals /ˈkemɪkəlz/
- ex**per**iment
- **po**tion
- la**bor**atory = lab
- **scien**tist /ˈsaɪəntɪst/
- transfor**ma**tion
- scien**tif**ic /saɪənˈtɪfɪk/
- search /sɜːtʃ/ (for) = look for
- trans**form** into = change into

Doubles

- twins
- i**den**tical /aɪˈdentɪkəl/
- **sim**ilar
- look like = re**sem**ble /rɪˈzembl/
- seem (+ adj.) = look (+ adj.): *avoir l'air*
- both /bəʊθ/: *tou(te)s les deux*

● Noun ● Adjective ● Verb ● Adverb or preposition

VOCABULARY

+ EXERCISES p. 155

1 Find the word that matches the definition.

a. The place to do experiments.
b. A complete change.
c. Extreme sadness.
d. You feel this when you are hurt.
e. Something scientific or magical to drink.

2 Match the synonyms.

DARK TERRIFIED RESEMBLE
TWIN CREEPY DOUBLE SPOOKY
SINISTER FRIGHTENED LOOK LIKE

3 Using the word map, find the adjectives that correspond with these nouns.

a. monster → …
b. success → …
c. honesty → …
d. science → …

4 Find as many opposites as possible to describe these doubles. Use them to write five sentences.

How to shine in vocabulary p. 146

PHONOLOGY

A La prononciation de la graphie <i>

→ La lettre <i> ne se prononce pas toujours de la même façon en anglais.

• twin /ɪ/ • idea /aɪ/ • third /ɜː/

→ Quand le <i> se prononce /aɪ/ on dit qu'il **diphtongue**. Cela se produit par exemple quand le <i> est entre deux consonnes, puis suivi d'une voyelle, comme dans *file* /aɪ/.

→ Quand le <i> est suivi de deux consonnes, il ne diphtongue pas et se prononce /ɪ/ comme dans *fill*.

1 Écoute et répète les mots suivants, puis classe-les selon la prononciation de la lettre <i>. Audio

history • inspire • identity • artistic • frighten • kind • design • bird

2 Anticipe la prononciation de la lettre <i> dans ces mots, puis écoute, répète et classe-les. Audio

science • similar • origins • iconic • pride • wild • hideous • experiment

B Les liaisons

→ Quand on parle, les mots s'enchaînent de façon fluide, sans pause. Aussi, lorsqu'un mot finissant par un son consonne (comme *but*, *was*) est suivi d'un mot commençant par un son voyelle (comme *although*, *evil*), on fait la **liaison** entre les deux mots.

• But although Dorian was handsome, he was evil and dangerous.

3 Écoute ces phrases et concentre-toi sur les liaisons, puis répète. Audio

a. As a scientist, he loves all sorts of experiments.
b. His first encounter with the monster was amazing.

4 Lis ces phrases, repère les possibles liaisons, puis écoute et répète. Audio

a. He has a double identity, but he isn't evil all the time!
b. As a young adult, he didn't want to grow old.

How to shine in phonology p. 142

Your FINAL mission

Write a diary entry to describe an encounter with your own spooky double

WB p. 70

- You have encountered a lot of spooky doubles in this file. Now **pretend** you are a writer and **use** your imagination!
- **Write** a text to **describe** your confrontation with your own spooky double!

STEP 1 ▶ **Imagine** your spooky double, **focus** on his or her physical appearance and personality.

STEP 2 ▶ **Describe** the setting, the plot and the successive actions.

STEP 3 ▶ **Create** tension between the two characters!

STEP 4 ▶ **Write** the text and **communicate** a sense of fear!

YES YOU CAN!

Write a diary entry.

Suddenly, I saw a man on the ice. He was quite far away, but he was coming quickly towards me. The man took long steps, across the ice. Then I realised who it was. It was the monster! I was angry and I was frightened. I wanted to fight him. I wanted to kill him.

"Go away, you terrible monster!" I screamed. "Or stay and die! I want to destroy you. But I cannot bring back the two people that you have killed!"

"Everybody hates me, and you hate me too," replied the monster. "But you created me. You are responsible for me. You made me, but now you want to destroy me. You do not know my misery. How can you play with life like this? Please listen to me and help me. Do what I ask. Then I will leave you and be good. I will never see you again. I will not make any trouble for you. And I will not hurt anyone again. If you refuse, I will kill all your friends!"

Mary Shelley, *Frankenstein*, 1818, adapted by Deborah Tempest

1 Le narrateur

Écris ton récit à la première personne du singulier. En effet, tu racontes ton histoire personnelle.

Suddenly, I saw a man on the ice. • Then, I realised who it was.

2 Les personnages

- Invente-toi un double maléfique et décris les différences entre ton double et toi-même.
- Fais ressortir des contrastes physiques et de personnalité.

But that was not the only difference between the two men. Henry Jekyll had a kind, open, honest face. Pure evil stared out of Edward Hyde's eyes. (**doc 1** p. 61)

3 Le cadre descriptif

Décide de l'endroit où tu rencontres ton double maléfique. Décris le lieu, et précise ce que vous faisiez avant la confrontation.

Suddenly, I saw a man on the ice. He was quite far away, but he was coming quickly towards me. The man took long steps, across the ice.

4 L'action

Utilise le prétérit simple pour lister les actions qui s'enchaînent.

*I **saw** a man on the ice… • The man **took** long steps across the ice… • I **realised** who it was…*

5 L'expression des sentiments

Décris tes sentiments au fur et à mesure pour que le lecteur comprenne tes émotions.

I was angry and I was frightened. I wanted to fight him. I wanted to kill him.

6 Le dialogue

Intègre des passages de dialogue, avec des verbes introducteurs variés pour rendre ton témoignage plus vivant.

*"Go away, you terrible monster!" I **screamed**. • "Everybody hates me, and you hate me too," **replied** the monster.*

How to shine in writing p. 126

Test your skills!

Compréhension de l'oral

A2+/B1 **Objectif** Comprendre une critique de livre

Video

- A2 **1** **Watch** the video and and **find** the name of the book.
- **2** **Say** what type of book it is.
- A2+ **3** **Identify** the theme the book explores.
- B1 **4** **List** reasons why the speaker loves this book.

Compréhension de l'écrit

A2+/B1 **Objectif** Comprendre un extrait de roman

Coraline stopped and listened. She knew she was doing something wrong, and she was trying to listen for her mother coming back, but she heard nothing. Then, Coraline put her hand on the doorknob and turned it; and, finally, she opened the door. [...]

She almost had it when somebody said, "Coraline?" It sounded like her mother. Coraline went into the kitchen, where the voice had come from. A woman stood in the kitchen with her back to Coraline. She looked a little like Coraline's mother. Only...

Only her skin was white as paper.

Only she was taller and thinner.

Only her fingers were too long, and they never stopped moving, and her dark red fingernails were curved and sharp.

"Coraline?" the woman said. "Is that you?" And then she turned around. Her eyes were big black buttons.

"Lunchtime, Coraline," said the woman.

"Who are you?" asked Coraline.

"I'm your other mother," said the woman. "Go and tell your other father that lunch is ready."

Neil Gaiman, *Coraline* (Chapter 3), 2002

◄ Poster of *Coraline* (2009), film adapted from Neil Gaiman's book.

- A2 **1** **Read** the text and **identify** the characters mentioned.
- **2** **Say** what time of the day it is.
- A2+ **3** **Describe** the woman in the kitchen and **compare** her to Coraline's mother.
- B1 **4** **Explain** what is spooky about the woman.

Quiz
TEST de positionnement
college.nathan.fr/**4sb71**

Snapfile 7 Arty Bristol

▶ What makes Bristol such an artistic city?

Your SNAP mission

Write a travel blog article about arty Bristol.

1 Welcome to Bristol!

WB p. 71

Bristol has been named the most artistic city in the UK

We can't say we're surprised...

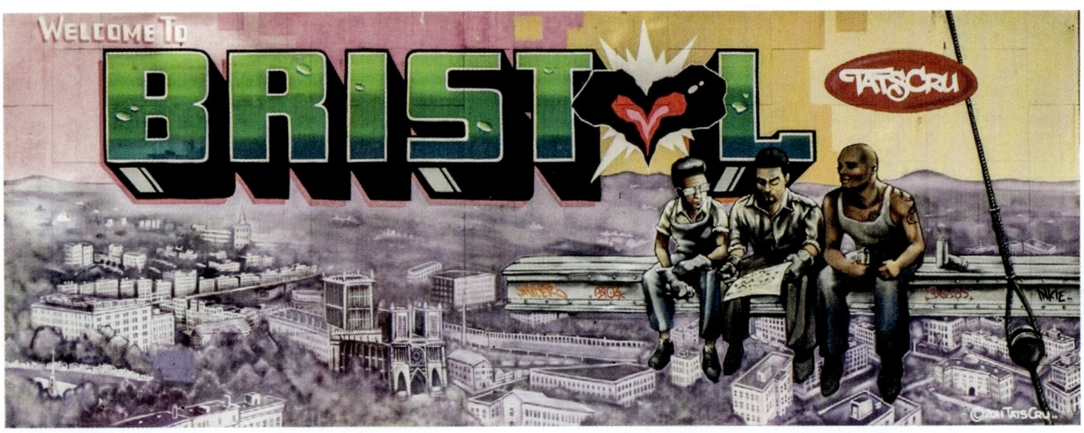

■ "Welcome to Bristol" by Tats Cru on Quay Street is just one of the city's iconic street artworks.

Bristol has been named as the most artistic city in the UK. [...]

A spokesperson[1] [...] said: "One of Bristol's claims to fame[2] is being the home of the world's most famous graffiti artist Banksy, so it's no surprise that this South West city has been named the most artistic in the country."

"There is a wealth of artistic activities to pursue, but its street art is perhaps the most memorable. Enjoy some of the best graffiti in the country just by taking a stroll[3] around this beautiful city."

Robin Murray, *bristolpost.co.uk*, 2019

1. *porte-parole* 2. interesting particularities 3. *en faisant un tour*

a. **Look** at the picture, **identify** its nature and **describe** it.
b. **Read** the article and **pick out** information about Bristol.
c. **Explain** why the journalist says the nomination is "no surprise".

Quay Street

O2 Academy concert hall

Aardman Animations studio

Upfest Festival Gallery

2 City of film

WB p. 72

Birthplace of Hollywood icon Cary Grant and of David Prowse, who played Darth Vader in the original Star Wars trilogy, Bristol's cultural and commercial identity has been strongly influenced by film.

Adapted from visitbristol.co.uk

Aardman Animations studio has earned[1] an amazing reputation. The films produced in their Bristol studio have won four Oscars and 14 BAFTA awards so far. For over 40 years, they have entertained[2] and charmed the world with loveable characters like Wallace and Gromit and Shaun the sheep.

Adapted from aardman.com

▲ Bristol's excellence in cinema was recognised in 2017 when it was named UNESCO City of Film.

1. gained 2. *diverti*

a. **Read** the texts and **pick out** the names of two important actors from Bristol.

b. **Say** how many awards Aardman Animations studio has won so far.

c. **Explain** why Bristol has been named "UNESCO City of film".

Grammar SPOT

The films **have won** four Oscars. • Aardman Animations studio **has earned** an amazing reputation.

Ces formes verbales sont au *present perfect*. Comment ce temps est-il formé ?

3 The sound of Bristol

WB p. 73

Video

◄ Trip hop band Portishead at O2 Academy concert hall in Bristol (2022).

a. **Watch** the video, **note** the names of two cult bands from Bristol and **identify** the style of music.

b. **Explain** why Bristol has produced some great bands.

Your SNAP mission STEP 1

Imagine you have visited some of the arty places in Bristol. Present them in a blog article.

1. **Recap** the arty elements in Bristol and **name** some famous artists from the city.
2. **List** what you have visited so far!

WB p. 74

Build your skills! Mettre en valeur des atouts

- Souligne des domaines d'excellence avec le superlatif : ***the most artistic** city* • ***the most memorable** art.*
- Utilise le *present perfect* pour montrer un bilan positif : *Aardman Animations studio **has earned** an amazing reputation.* • *They **have charmed** the world.*

Build your English p. 76

4 Capital of street art

WB DIFFÉRENCIATION p. 75

Doc 1 — Video

▲ Street art mural by Banksy: *Girl With The Pierced Eardrum*, 2014.

a. Look at the photo (doc 1) and **describe** the mural.
b. Watch the video and **pick out** adjectives and expressions that show Bristol is a very artistic city.
c. Explain what "it's a fluid scene" could mean.

Phonology SPOT — Audio

Bristol is possibly the UK centre of street art and what this video represents is what we saw as tourists in the centre of the city.

Écoute cette longue phrase et concentre-toi sur les pauses. Pourquoi s'arrête-t-on à certains endroits plutôt qu'à d'autres ?

Doc 2

Upfest Festival 2022: Meet Haz who is the youngest ever to paint at Europe's biggest street art festival

A Nailsea[1] boy has become the youngest ever to take part in Upfest — at just 10 years old.

Harry 'Haz' Bingham was headhunted[2] after gaining followers on social media for his drawings.

Upfest had only around 40 artists taking part in its first year back in 2008, but this has grown over the years and now more than 400 artists flock[3] to the city to paint. [...]

Harry told the festival organisers: "Art is my favourite subject at school and I've always loved walking through the city with my family looking at the cool street art.

▲ Street artist Haz, aged 10.

▲ A graffiti by Haz, 2022.

"I started my own street art-style when I was aged nine during lockdown[4]. I enjoy drawing in sketchbooks at home and often create boards using POSCA[5] pens.

"I have also been to art classes where I learned to make and use stencils[6] and I am getting better at using cans[7] but must practise this in the garden."

Heather Pickstock, *bristolpost.co.uk*, 2022

1. a town near Bristol 2. recruited 3. come in large groups 4. *confinement* 5. *feutres* 6. *pochoirs* 7. spray paint

a. **Read** the text (doc 2) and **say** what Upfest is.
b. **Pick out** the passages showing what makes Haz a special artist.
c. **Explain** when he started his art.

Game on!

Unmask the Mystery Man!

Who's this man? Put these 6 letters in the correct order to find out, then scan the image to learn more about him!

- The first letter of the most memorable type of art in Bristol. (doc 1 p. 72)
- The first letter of the name of the Bristol studio that created Wallace and Gromit. (doc 2 p. 73)
- The letter the words vibrant, incredible, underground and fan have in common. (doc 3 p. 73)
- The letter the words outskirts, skyscraper, neck have in common. (doc 1 p. 74)
- The last letter of the young street artist's first name. (doc 2 p. 74)
- The first letter of this artistic city's name.

Your SNAP mission STEP 2

Your trip to Bristol is nearly over! Tell your readers about the street-art discoveries you have made.

1. **Write** about street art in Bristol and **list** your experiences (artists, murals, festival).
2. **Describe** what you have already done and what you have most enjoyed. **Add** what you have not yet had time to do!

WB p. 78

Build your skills! **Parler d'une expérience culturelle**

- Utilise le prétérit pour parler d'événements passés et terminés : *Upfest **had** only around 40 artists in 2008.* • *This is what we **saw** as tourists in the city...*
- Utilise le *present perfect* pour faire le bilan : *I **have** also **been** to...* • *I **have** most **enjoyed**...*

Build your English p. 76

Quiz
TEST de positionnement
college.nathan.fr/4sb75

Build your English!

GRAMMAR

EXERCISES p. 155

Vidéo GRAMMAR tuto

→ Faire un bilan avec le *present perfect*

On utilise le ***present perfect*** pour faire le **lien entre le passé et le présent**, en particulier pour faire un **bilan**.

1 Mets les phrases au *present perfect*. Attention à la place de l'adverbe.

a. Mary [attend / not yet] a concert in Bristol.

b. How many artists [Bristol / produce / already]?

c. My friends and I [find / already] the street-art pieces made by Banksy.

d. I [visit / not yet] the Upfest Festival Gallery.

2 Utilise ces éléments pour créer des phrases qui expriment un bilan.

a. Sara • meet • already • a famous street artist → ...

b. I • not yet • watch • a *Wallace and Gromit* film! → ...

c. Everyone • already • hear of Banksy → ...

d. My friends from Bristol • already • attend • the Upfest festival → ...

How to shine in grammar p. 136

PHONOLOGY

→ La prononciation des phrases longues

→ En anglais, pour donner du sens à une phrase longue, il faut non seulement accentuer les **mots porteurs de sens** mais aussi repérer les « **groupes de sens** ». Ce sont des mots qui vont ensemble et doivent donc être **prononcés à la suite** sans pause. Il faut en revanche séparer par une très courte pause les différents groupes de sens (|).

• **Bristol** is an **artistic** city | and what is **extraordinary** | is the **diversity** it **offers**.

1 Écoute ces phrases et répète-les en faisant attention aux mots accentués et aux groupes de sens. Audio

a. Banksy became more and more recognised around Bristol and London as his signature style was developing, the style of stencils.

b. It's a beautiful place with friendly people and we loved it.

c. But in all seriousness the place is so vibrant and the list of bands that it's produced is incredible and it's growing too because the vibrant spirit of the place makes people more creative.

How to shine in phonology p. 145

VOCABULARY

EXERCISES p. 155

Tourism

- **out**skirts: *environs*
- tip = a piece of ad**vice**
- **walk**ing tour
- **won**derful = **mar**vellous
- take a look
- **vis**it

Cinema

- **ac**tor/**ac**tress
- **char**acter
- film **in**dustry
- pho**tog**rapher

- **stu**dio
- enter**tain** = **in**terest and a**muse**
- charm

◄ Street art mural by Cheo.

Street art

- can = **aer**osol
- gra**ffi**ti
- **mu**ral /'mjʊərəl/
- **sketch**book
- **sten**cil
- street **ar**tist
- style
- draw
- paint
- **prac**tise
- spray

Artists

- a**ward**
- **i**con /'aɪkɒn/
- inspi**ra**tion
- piece /piːs/ = **art**work = work of art
- repu**ta**tion
- **ar**ty (informal) = ar**tis**tic
- cre**a**tive
- cult = i**con**ic
- extra**or**dinary
- **fa**mous = **le**gendary /'ledʒndri/
- **mem**orable /'memərəbl/ = unfor**gett**able
- **pop**ular
- cre**ate**
- i**mag**ine
- **in**fluence
- in**spire**
- **rec**ognise
- repre**sent**
- **strong**ly

Music

- band
- **con**cert
- **fes**tival
- trip hop
- **vi**brant /'vaɪbrənt/ = in**tense**
- com**pose**

- Noun
- Adjective
- Verb
- Adverb

1 **Find the noun derived from each verb and identify the odd one out.**

Ex. : *identify → identification*

create inspire draw represent

2 **Find the word behind each definition.**

a. A big graffiti sprayed on a wall.
b. Someone who gives you the idea to create something.
c. What the public thinks about someone or something.
d. A book in which you can practise drawing.

3 **Put the letters in the right order to find the word.**

4 **Write a diary entry after your walking tour in Bristol. Use two words from each category on the wordmap.**

How to shine in vocabulary p. 146

FILE 8

Into the wild outback

the outback

noun /ˈaʊtbæk/

the areas of Australia that are far away from towns and cities, especially the desert areas in central Australia

Cambridge Dictionary

What makes the Australian outback a fascinating place?

More on SPEAKEASY NEWS
speakeasy-news.com

Your FINAL mission

Record a vlog about your trip in the outback.

Australian outback road signs.

Video

"Explore Australia's outback" video by Kelley Ferro.

WB p. 79

1. **Look** at the photos and **read** the definition. **Describe** the landscape of the outback.
2. **Watch** the video and **pick out** the elements showing that King's Canyon is an impressive place.

Game on!

3. **Chain-speaking!** In groups of four, **make** a sentence using information you learned about the outback. **Listen** carefully to your partners, you can't repeat!

A hostile environment

1 Dangerous wildlife

WB DIFFÉRENCIATION p. 80

Doc 1

Video

◀ Reedy in Katherine, Northern Territory, Australia.

a. **Look** at the photo and **make** hypotheses about the young man.

b. **Watch** the video and **find** information about the place and about Reedy's job.

c. **Sum up** what life is like in the outback.

Grammar SPOT

The harshest environment that we have here... • **The most venomous** snake has been found... (doc 2)

Lis ces phrases et observe les structures en gras. Qu'ont-elles en commun ? Que t'apprennent-elles sur l'*outback* ?

Doc 2 · Video

▲ "Surviving 24 hours in the Most Dangerous Place in AUSTRALIA!" video by YouTuber Miller Wilson.

a. **Watch** the video and **describe** the place.

b. **Pick out** words referring to wildlife.

c. **Explain** why this experience is an adventure.

2 Survival tips

WB p. 82

a. Watch the video and **pick out** words showing that the outback is a dangerous place.

b. Explain the two tips that the man gives.

c. Read the infographic and **identify** the dangers mentioned.

d. List the things you need to take or do to survive in the outback.

Phonology SPOT — Audio

region • danger • extreme • temperature • desert • prepare

Écoute et prononce ces mots, qui sont transparents à l'écrit. Que constates-tu à l'oral ?

Video

Top Wire Traveller
www.topwiretraveller.com

How to Survive the Australian Outback

Avoid[1] the Heat
- Avoid the summer heat.
- Plan your trip for autumn, winter or spring.

Take Plenty of Water and Food
- Dehydration's the number 1 killer.
- Take way more water than you need.

Survive Vehicle Breakdowns[2]
- Stay with your vehicle at all times.
- Use it as your sanctuary from the elements.

Stay in Touch
- Tell someone where you're going.
- Carry a PLB[3] or satellite phone.

Deal With Medical Emergencies
- Carry a first aid kit & know how to use it.
- Have a sat phone or PLB so you can contact emergency services.

Understand Your Vehicle
- Get your vehicle checked over before you leave.
- Do a basic maintenance course.

1. stay away from 2. *pannes* 3. *balise de localisation*

Your mission

Record a short podcast to help people prepare for an outback road trip.

1 **Explain** why the outback is a dangerous place.

2 **List** the tips to survive in the outback.

WB p. 84

Build your skills! Mettre en garde contre un danger

- Utilise l'adverbe *so* + adjectif ou le superlatif pour présenter un danger : *This place is **so dangerous**...* • *The world's **most venomous** snake has been found.*
- Alerter sur la nécessité de se préparer avec l'impératif ou le modal *need* : ***Take** plenty of water and food!* • *You **need to** bring the right supplies.*

Build your English p. 87

Quiz
TEST your grammar & vocabulary
college.nathan.fr/4sb81

A land of traditions

1 The heart of the outback

WB p. 85

Doc 1

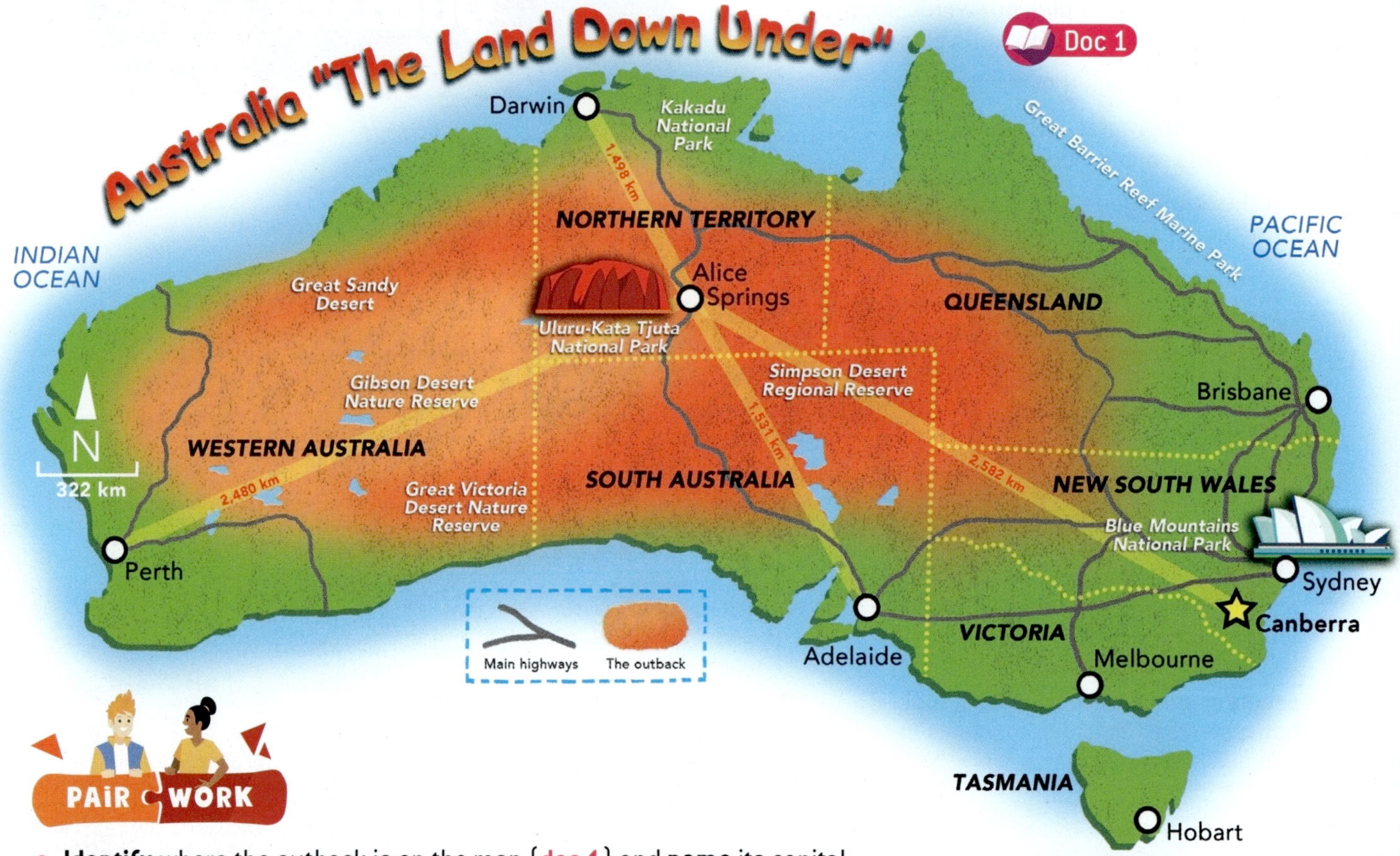

PAIR WORK

a. Identify where the outback is on the map (**doc 1**) and **name** its capital.

b. Build a five-question quiz about the outback and **test** your partner.

Grammar SPOT

For a long time, this big red rock **has been**... • Explorers **came across it in the 1800s**. • **Since 1985,** Anangu people **have worked**... (**doc 2**)

Observe les formes verbales dans ces phrases. Quels sont les temps utilisés et pourquoi ?

a. Watch the video (**doc 2**) and **pick out** the dates and the durations. **Find** information about what they refer to.

b. Draw a timeline to show how the perception of Uluru has changed.

c. Explain what the rock means to the Anangu people.

Doc 2 Video

Uluru (previously known as "Ayers Rock").

2 A sacred place

WB DIFFÉRENCIATION p. 86

Doc 1

Audio version

The next day, Charlie[1] spoke up from the back of the LandCruiser. "We'll see it best from a chopper[2]."

"Yeah, I'm not climbing it," I announced. I'd almost died three times on this trip and I still wanted to be alive at the end of it.

"The Aboriginal owners[3] prefer that people don't climb it," said Mom. "I'm happy to walk around it." […]

I could see Uluru in the distance. It got bigger as we got closer. It was very big and very red. But the really weird thing was that it was stuck in the middle of nowhere. There wasn't one other big rock near it. Yeah, Charlie must've been right; aliens must've given it to the local Aboriginal people as a gift[4].

Sally GOULD, *Outback Hero*, 2014

a. **Observe** the book cover and **find** information about the story.

b. **Read** the text, **identify** the three characters and the place.

c. **Say** how each character wants to visit the place and why.

1. Max's brother 2. helicopter 3. *propriétaires* 4. present

Doc 2

▲ Uluru, 25 October 2019: the day before the climbing ban (*interdiction*).

Culture SPOT

"**Aboriginal peoples**" in Australia can also be referred to as "First Nations Australians" or "First Australians". They lived in Australia before British colonisation and now represent 3.2% of the total population of Australia.

a. **Look** at the picture and **name** the place and the people.

b. **Rephrase** the message on the sign.

c. **Explain** what has changed since that day.

Your mission

DIFFÉRENCIATION

You have just discovered Uluru. Write a short text in your travel diary about this fantastic place!

WAY 1

Depict the impressive place you have reached. **Describe** your first reaction.

WAY 2

Explain everything you have learnt about Uluru. **Say** how what you have learnt has changed the way you see the rock.

WB p. 88

Build your skills! Raconter des expériences vécues

- Utilise le *present perfect* pour présenter une évolution, une transformation : *The way we see Uluru* ***has changed*** *a lot over the years.*
- Utilise le prétérit pour relater des événements du passé : *The government* ***recognised*** *the Anangu people's ownership of Uluru in 1985.*

Build your English p. 87

Quiz
TEST your grammar & vocabulary
college.nathan.fr/4sb83

An inspiring place

WB p. 89

1

▲ *League of Legends*, Riot Games, 2009.

Phonology SPOT Audio

Outback Renekton is a character from one of the most popular video games ever.

Écoute cette phrase et identifie les mots accentués.

2

◀ *Mystery Road*, 2018-2022.

3

▲ *Tracks*, 2013.

4

▲ *Back to the Outback*, 2021.

a. **Look** at the pictures carefully and **take notes** about them.

b. **Listen** and **match** each audio with the corresponding picture. Audio

c. **Explain** why the outback may inspire artists.

AT HOME **Browse** this website and **present** another film or TV series inspired by the outback.

Website
college.nathan.fr/**4sb85a**

Your challenge

TEAM WORK

Let's debate! In groups of four, decide which work (p. 84-85) best represents the Australian outback.

WB p. 91

Build your skills! Se montrer convaincant(e)

- Utilise le *present perfect* associé au superlatif pour souligner le caractère extraordinaire : *It is one of **the funniest** movies I **have ever seen**!*
- Utilise des expressions permettant d'exprimer la complicité : *I see what you mean! Absolutely! How true!*

Build your English p. 87

Quiz
TEST your grammar & vocabulary
college.nathan.fr/**4sb85b**

Game on!

BACK FROM THE OUTBACK

How to play

Kylie has just come back from a trip in the outback!

- You have ten minutes to **study** the picture of her suitcase below.
- **Close** the book and **write** the list of her experiences.
- **Compare** with your classmate.
The person with the longest list wins.

+ EXERCISES p. 155

Vidéo GRAMMAR tuto

A Situer les événements dans le temps grâce au *present perfect* et au prétérit

On utilise le ***present perfect*** pour évoquer des faits ou actions qui ont **commencé dans le passé** et **continuent dans le présent**.

Uluru ***has been*** a sacred place **for thousands of years.**
= durée

Australians ***have learnt*** to respect this place.

Tourists ***haven't climbed*** Uluru **since October 2019.**
= point de départ

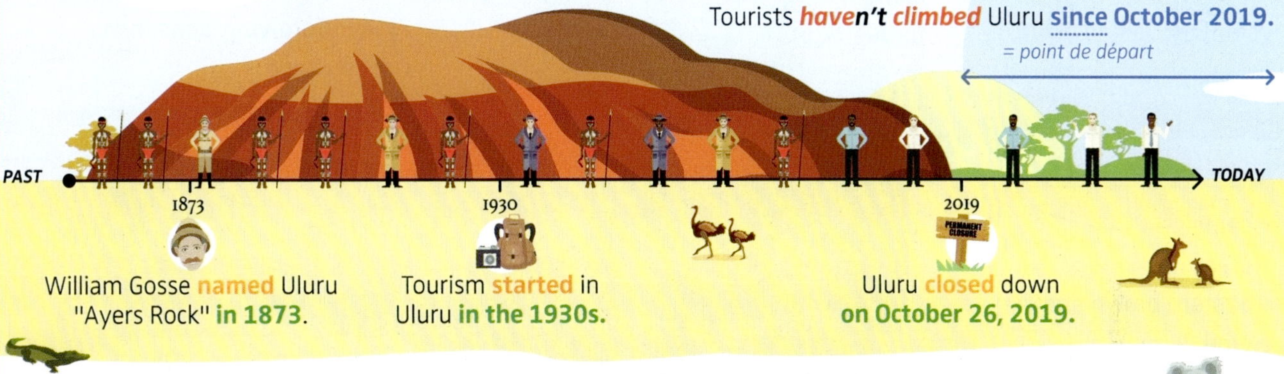

On utilise le **prétérit** pour évoquer des actions ou des faits **passés, datés et achevés.**

1 Mets le verbe en bleu au prétérit ou au *present perfect*. Aide-toi des indications de temps.

a. She (rescue) a kangaroo last summer.
b. They (live) in Australia for 13 years now.
c. My friend William (not / visit) Uluru since October 26, 2019.
d. I (go) to the outback in 2020.

2 Associe les étiquettes suivantes pour former des phrases.

I | He | They | We

visited | haven't crossed | has captured | watched

15 snakes | Uluru | the desert | *Back to the Outback*

for 12 years | in 2018 | last June | since last October

How to shine in grammar p. 130

B Exprimer la supériorité avec le superlatif

→ On utilise le **superlatif de supériorité** pour parler d'un élément ou d'une personne qui est au-dessus des autres dans sa catégorie.

the most + **adjectif long**	***the*** + **adjectif court *-est***
the most dangerous snake	**the highest** mountain

- hot → the hottest } doublement de la consonne finale
- deadly → the deadliest } le *y* devient *i*
- good → the **best** • bad → the **worst** } adjectifs irréguliers
- far → the **farthest** ou the **furthest**

→ On le combine au *present perfect* pour évoquer l'expérience la plus marquante.
- The outback is **the most remote** place that **I have** ever **been** to (in my life).

3 Complète les phrases avec les adjectifs proposés au superlatif de supériorité.

interesting | funny | dry | good | far

a. This place in the outback is the ... away from towns and cities and the ... place in Australia.
b. This book is the ... I've ever read.
c. *Back to the Outback* is the ... movie I've ever seen.
d. Going to Australia was my ... experience ever!

4 Remets les lettres dans l'ordre pour obtenir quatre superlatifs, puis écris une phrase avec chacun.

O T H T S T E E D A L D T E S I

H S A R T E S H R W S O T

How to shine in grammar p. 133

Build your English!

WORDMAP

WB p. 79

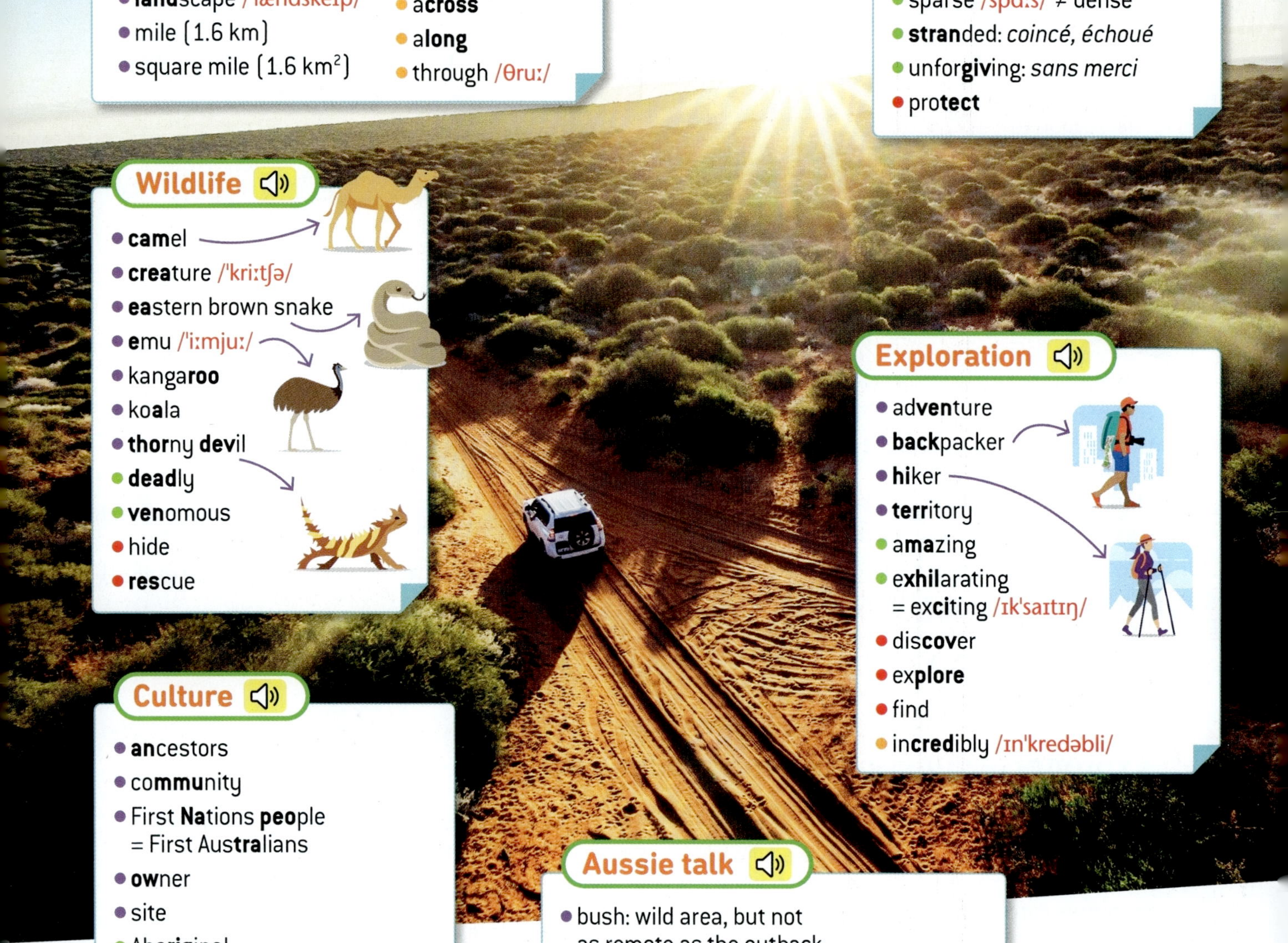

Geography

- **a**rea /'eəriə/ = **re**gion
- **coun**try
- **des**ert /'dezət/
- hill
- **land**scape /'lændskeɪp/
- mile (1.6 km)
- square mile (1.6 km^2)
- dry ≠ wet, **hu**mid
- re**mote**
- vast
- cross
- **tra**vel
- a**cross**
- a**long**
- through /θruː/

Survival

- heat /hiːt/
- dehy**dra**ted
- ex**treme**
- harsh = **dif**ficult
- inhos**pit**able ≠ hos**pit**able
- sparse /spɑːs/ ≠ dense
- **stran**ded: *coincé, échoué*
- unfor**giv**ing: *sans merci*
- pro**tect**

Wildlife

- **cam**el
- **crea**ture /'kriːtʃə/
- **ea**stern brown snake
- **e**mu /'iːmjuː/
- kanga**roo**
- ko**a**la
- **thor**ny **de**vil
- **dead**ly
- **ven**omous
- hide
- **res**cue

Exploration

- ad**ven**ture
- **back**packer
- **hi**ker
- **ter**ritory
- a**ma**zing
- ex**hil**arating = ex**ci**ting /ɪk'saɪtɪŋ/
- dis**cov**er
- ex**plore**
- find
- in**cred**ibly /ɪn'kredəbli/

Culture

- **an**cestors
- com**mu**nity
- First **Na**tions **peo**ple = First Aus**tra**lians
- **ow**ner
- site
- Abo**rig**inal
- **sa**cred /'seɪkrɪd/
- **cel**ebrate /'seləbreɪt/
- cre**ate**
- de**fend**
- main**tain**

Aussie talk

- bush: wild area, but not as remote as the outback
- g'day (informal) = hel**lo**
- mate (informal) = friend
- Oz = Down **Un**der (informal) = Aus**tra**lia
- roo /ruː/ (informal) = kanga**roo**
- **Aus**sie /'ɒzi/ (informal) = Aus**tra**lian

● Noun ● Adjective ● Verb ● Adverb or preposition

VOCABULARY

+ EXERCISES p. 156

1 Name these outback creatures.

a. A spiky sand-coloured little reptile:
T_ _ _ _ _ D_ _ _ _

b. One of the deadliest snakes in the world:
E_ _ _ _ _ _ B_ _ _ _ S_ _ _ _

c. The best companion to carry a heavy load:
C_ _ _ _

d. The tallest bird Down Under:
E_ _

2 Find the opposite.

a. hospitable ≠ ...
b. boring ≠ ...
c. wet ≠ ...
d. dense ≠ ...

3 Associate four adjectives with each animal.

4 This is your base camp for the night. Describe it in your log book.

Dried lake in western Australian outback. ▶

How to shine in vocabulary p. 146

PHONOLOGY

A L'accent de phrase : l'adverbe *so* et le superlatif

→ En anglais, les **mots importants** de la phrase (noms, adjectifs, adverbes et verbes) sont **accentués**, alors que les **termes qui relient** les mots importants (articles, pronoms, auxiliaires, prépositions) sont en général **inaccentués**.

→ L'**accent des phrases** contenant un **superlatif** ou l'**adverbe *so*** porte sur ces mots-là afin de souligner le caractère exceptionnel de l'élément ou de l'être vivant en question.

- The outback is **so** hot.
- This is **the most venomous** spider in Australia, it's **the deadliest**!

1 Écoute ces phrases et repère l'accent de phrase, puis répète-les. Audio

a. My trip to Australia was so amazing! I went to the outback, the harshest and the most dangerous place I've ever been to.

b. Snakes are the scariest animals I know! I'm so afraid of the eastern brown snake.

2 Lis ces phrases et anticipe l'accent de phrase, puis écoute et répète. Audio

a. This movie is so funny, I enjoyed it so much! I think it's the funniest I've ever seen.

b. The outback is the most hostile place on earth I think. It's so dry and so hot!

How to shine in phonology p. 145

B Les mots transparents

→ À l'écrit, certains mots anglais **ressemblent** à leur équivalent français et ont la même signification. On dit qu'ils sont **transparents**.

→ Mais leur prononciation est très **différente**. Il faut s'entraîner à bien les prononcer.

- creature /'kriːtʃə/ • region /'riːdʒn/
- danger /'deɪndʒə/ • camp /kæmp/

3 Écoute et répète ces mots transparents. Veille aux différences de prononciation avec le français. Audio

nature | extreme | temperature | different | desert
site | hostile | protection | culture | future

4 Repère les mots transparents et anticipe leur prononciation. Puis écoute et répète les phrases. Audio

a. In Australia, nature is everywhere and there are many places to live fantastic adventures.

b. The protection of the environment is really important, we must react and preserve these natural sites.

How to shine in phonology p. 142

Your FINAL mission

Record a vlog about your trip in the outback.

WB p. 92

→ You have travelled around the Australian outback with your family.
→ **Record** a vlog (a video blog) to share your experience with your friends.

STEP 1 ▶ **Present** the landscape of the outback. **Talk** about the geography and its particularities.

STEP 2 ▶ **Explain** why the outback is a fascinating place and how it inspires people.

STEP 3 ▶ **Share** your cultural discoveries. **Say** what you learned in Uluru.

STEP 4 ▶ **Show** how dangerous the outback can be. **Tell** your friends what you have discovered about the wildlife and harsh environment of the outback.

STEP 5 ▶ **Give** tips for exploring the outback safely.

YES YOU CAN! Record a vlog.

1 L'introduction

Présente brièvement l'*outback* et ses particularités géographiques.

With 3 million square miles Australia is a country of incredibly diverse natural landscapes... • Located in the centre of the continent... • One of its most famous is the beautiful Australian outback, known as the region of the Northern Territory.

Video

2 La description de l'*outback*

Parle des spécificités historiques et culturelles (l'évolution d'Uluru par exemple) ainsi que de la vie sauvage et des conditions de survie difficiles dans l'*outback*.

I was able to interact with the native plants and animals. • The earth here is truly red... • And though it's dry, this landscape teems with life, culture...

3 La mise en garde

Explique pourquoi il est nécessaire de prendre certaines précautions afin de voyager en toute sécurité dans l'*outback*.

King's Canyon was probably the most remote place that I've ever been to. • No Internet, no cell phone service, no humans for miles.

4 L'enregistrement de ton vlog

Parle de façon enthousiaste et accentue les éléments importants introduits par *so* ou le superlatif.

*I was able to meet **so many** down-to-earth hospitable people. • One of its **most vast** and **most famous** is the ruggedly, beautiful Australian outback.*

How to shine in speaking p. 130

Test your skills!

Compréhension de l'oral

A2+/B1 **Objectif** Comprendre un reportage

Audio

▲ Outback red "roos".

A1+
1. **Listen** and **identify** the place.
2. **Name** the animals mentioned in the document.

A2
3. **Describe** the land.

A2+
4. **Give** details about the animals living there (number, objectives).

B1
5. **Explain** what the problem is for these animals.

Compréhension de l'écrit

A2+/B1 **Objectif** Comprendre un article de presse en ligne

Orios and Lindsey Zavros and their children stranded[1] in the South Australian outback

A young Perth family have found themselves stranded in the outback by rising floodwaters[2].

Orios and Lindsey Zavros and their children Zoe and Zane were on an adventure in the Simpson Desert in South Australia when heavy rain left them trapped. The family of four first got their vehicle bogged[3] and set off an emergency beacon[4]. But emergency services have been unable to reach the Kallaroo[5] family, with a major storm sweeping across South Australia. Mr and Mrs Zavros have been told that they could be stranded for up to two weeks. The family have indicated that they are generally in good health, and have water and food. Emergency service crews have parachuted in other essentials, including a satellite mobile phone.

It seems the Zavros are no strangers to travelling, posting of their various adventures across Australia on social media.

Troy De Ruyter, *perthnow.com.au*, 2021

A1+
1. **Read** the text and **identify** the type of document.
2. **Name** the people in the text.

A2
3. **Pick out** elements about the location.
4. **Say** what happened to the family.

A2+
5. **Name** the family's equipment and its use.

B1
6. **Explain** the difficulties of the situation.

Quiz

TEST de positionnement

college.nathan.fr/**4sb91**

1. lost 2. *inondations* 3. *embourbé* 4. signal 5. neighbourhood of Perth

Snapfile 9 Be the change

▶ **What are New Zealanders doing to help put an end to bullying?**

Your SNAP mission

Make a speech to encourage students to fight against bullying.

1 What is bullying?

WB DIFFÉRENCIATION p. 93

Doc 1

▲ *bullyingfree.nz*, led by the Ministry of Education, New Zealand Government.

1. criticising, being unkind to
2. unkind
3. *frapper*

TEAM WORK

TEAM A

a. **Read** the poster (doc 1) and **list** the types of bullying described.

b. **Explain** the goal of the poster.

TEAM B

a. **Watch** the video (doc 2) and **name** the type of bullying mentioned.

b. **Find** elements to **explain** why it is a "horrible issue".

c. Now **share** your information with the other team and **give** a definition of bullying.

d. **Imagine** how to stop bullying at school.

Phonology SPOT Audio

days • cyber • how • know (doc 2)

Écoute ces mots. Combien de sons entends-tu pour chaque lettre ou groupe de lettres en rouge ?

Doc 2 Video

▲ "Online is real life", by *sticksnstones.co.nz*.

a. Watch the video (**PART 1**) and **identify** the situation (characters, places).

b. Explain what is happening to Kate.

c. Describe how others make her feel.

Doc 3

94%	94% of NZ teachers said bullying occurs at their school.
Around 45%	Around 45% of NZ teachers and staff said verbal & social bullying was brought to their attention once a week, while 25% heard of physical bullying once a week.
46%	46% believe cyberbullying occurs mainly between the ages of 11-14.

Source: *kidspot.co.nz.*

a. Read the survey and **identify** who it is destined for.

b. Pick out the numbers and **explain** what they say about bullying in New Zealand.

Your SNAP mission STEP 1

Start preparing your speech. Explain what bullying is.

1 **Recap** what you have learnt about bullying (its different types and situations).

2 **Give** information about the importance of bullying in New Zealand and its consequences.

WB p. 96

Build your skills! Exprimer l'effet d'un comportement

→ Utilise le verbe ***make*** pour décrire une situation subie : *Someone tries to **make** you feel bad.* • *Bullying can **make** people depressed.*

→ Exprime une conséquence, un impact, avec des verbes de sentiment : *Bullying could really **affect** someone.* • *It can **hurt** people.*

Build your English p. 96

2 Take action

WB DIFFÉRENCIATION p. 97

PART 2

Video

a. Watch the video (PART 2) and **compare** it to PART 1.

b. Explain what Kate's classmate does and why.

c. Describe Kate's reaction and how it makes her feel.

Grammar SPOT

Let's talk about bullying. (doc 1) • **If** you see someone being bullied, **call** it **out**. (doc 2) • **By standing up** to a bully you **can make** bullying stop. (PART 3)

Qu'expriment les formes en gras ?

Doc 1

Video

◄ NZ rugby player Sam Whitelock speaking against bullying.

a. Watch the video (doc 1) and **identify** the speakers.

b. List the advice they give to stop bullying.

c. Explain the choice for these speakers.

3 Raise awareness

WB p. 98

PART 3

Video

BeTheChangeNZ.org

a. Watch the video (PART 3) and **identify** its objective.

b. Explain why it is important to stand up to bullies.

c. List the suggestions to make things change.

Doc 2

pinktshirtday.org.nz, led by the Mental Health Foundation of New Zealand.

a. Read the poster and **explain** its message.

b. Guess what "Pink Shirt Day" is.

Your SNAP mission STEP 2

Finish preparing your speech and perform it!

1 **Write down** suggestions, advice and instructions about what can be done to stop bullying.

2 **Give** your speech to encourage students to take action. **Be** convincing and **end** with a slogan!

WB p. 100

Build your skills! Inciter à l'action

- Utilise des expressions pour faire des suggestions : *We **can** all do something about bullying so **let's** talk about it.* • ***By standing up** to a bully you have a chance of stopping schoolyard bullying.*
- Exprime le conseil avec ***should*** : *You **should** keep it to yourself.*
- Donne un conseil appuyé avec l'impératif : *If you see someone being bullied, **call** it **out**.*

Build your English p. 96

Quiz

TEST de positionnement

college.nathan.fr/**4sb95**

+ EXERCISES p. 156

→ Donner des conseils et faire des suggestions avec l'impératif, *can* et *should*

▶ Vidéo — GRAMMAR tuto

Can et **should** sont des modaux, ils sont donc **invariables** et toujours suivis de la **base verbale (BV)**.

CONSEIL — should + BV

We **should take** action!
You **shouldn't be** nasty to anyone.

SUGGESTION APPUYÉE — Let's + BV

Let's speak up!
Let's get him out of trouble!

CONSEIL APPUYÉ — Proposition en *if* + présent suivie de l'impératif (BV ou don't + BV)

If you **want** to fight discrimination, **be** the change!
If you **witness** bullying, **don't ignore** it!

SUGGESTION — Proposition en *by* + V-ing suivie de *can* + BV

By stand**ing** up to a bully, you **can help** all the victims!
By tak**ing** part in this campaign, we **can make** things change!

1 **Pour chaque situation, propose une solution en utilisant les expressions du conseil et de la suggestion.**

a. I'm bullied at school.
b. My best friend is a bully.
c. People at school laugh at my brother.
d. I read mean messages about a friend on social media.
e. I found a nasty letter in my locker.
f. People call me names at school.

2 **Écris cinq slogans pour des affiches contre le harcèlement à l'école. Utilise les structures présentées ci-dessus.**

How to shine in grammar p. 138

PHONOLOGY

→ La prononciation des diphtongues

→ En anglais, certaines voyelles **diphtonguent**, c'est-à-dire que l'on entend deux sons voyelles rapidement prononcés l'un après l'autre.

- make /eɪ/
- like /aɪ/
- unfair /eə/
- fear /ɪə/
- go /əʊ/
- boy /ɔɪ/
- how /aʊ/
- tour /ʊə/

→ Les diphtongues n'existent pas en français, c'est pourquoi elles posent parfois problème en anglais et il faut veiller à **bien les prononcer**.

1 **Anticipe la prononciation des voyelles en bleu, puis écoute et vérifie.** Audio

take • fight • enjoy • idea • alone • amazing • nice • protest • kind • voice • share • proud

2 **Entraine-toi à prononcer ces phrases en prêtant attention aux diphtongues.** Audio

This year, a New Zealand organisation issued an amazing campaign to raise awareness about bullying. Their website is great! I hope to make things change so I'm joining them now.

How to shine in phonology p. 142

VOCABULARY

EXERCISES p. 156

Bullying

- bully
- cyberbullying
- issue /ˈɪʃuː/ = problem
- perpetrator ≠ victim
- physical bullying
- social bullying
- verbal bullying
- call somebody names = insult somebody
- hit
- laugh /lɑːf/ at someone = mock someone
- make fun of somebody
- pick on someone
- push somebody around /əˈraʊnd/

Taking action

- fight
- get involved
- get someone out of trouble
- leave somebody alone
- put an end to something ≠ start something
- stand up to someone = defend oneself against somebody
- step in: *intervenir*
- stop somebody from + V-ing
- take action ≠ do nothing
- tell somebody to do something

Feelings

- kindness
- amazing ≠ horrible
- depressed /dɪˈprest/
- nasty = unkind
- nice ≠ mean
- safe ≠ unsafe
- unique = different
- affect
- belong to: *appartenir à*
- deserve /dɪˈzɜːv/: *mériter*
- feel
- hurt
- make somebody feel something

Raise awareness

- campaign
- hashtag
- poster
- check out a website
- convince = persuade /pəˈsweɪd/
- have a chance of + V-ing
- keep something to oneself ≠ speak up
- make things/people change
- tackle a problem
- team up with somebody
- spread the word

Noun
Adjective
Verb

1 **Identify the types of bullying.**

2 **Name the opposites.**

a. unsafe ≠ …
b. horrible ≠ …
c. nice ≠ …
d. kind ≠ …

3 **Create five expressions by matching a green word with an orange one. Then write five sentences using these expressions.**

step | stand | get | laugh | stop

someone out of trouble | somebody from | at someone | in | up to someone

4 **Imagine what Tyler's father says to his son.**

How to shine in vocabulary p. 146

FILE 10 Ghost towns

Are American ghost towns abandoned cities?

More on SPEAKEASY NEWS
speakeasy-news.com

Your FINAL mission

Make a YouTube video to promote a ghost town for the tourist office of the region.

The ghost town of Bodie, California, USA (2023).

Video

YouTuber Dylan Sesco in Bodie, California (2020).

TEAM WORK

WB p. 101

1. **Observe** the photos. Then, in teams, **imagine** what happened to the town of Bodie.
2. **Watch** the video and **find** information about Bodie in the past and now.
3. **Give** the definition of a "ghost town".

From gold towns to ghost towns

1 The Gold Rush

WB p. 102

Video

▲ *Searching for gold*, illustration published in the 1900s.

TEAM WORK

a. Look at the illustration above. **Say** what the people are doing.

TEAM A

b. Watch the video and **note down** elements about 1848.

c. Say who the forty-niners were.

TEAM B

b. Watch the video and **find** information about the success of gold miners.

c. Describe the atmosphere of a typical Gold Rush town.

d. Share your information with the other team and **recap** with a mind map.

Phonology SPOT Audio

chaotic • families • discovered • typical • afternoons (doc 1)

Écoute ces mots. Quelle syllabe est accentuée dans chaque mot : la 1re, la 2e ou la 3e ?

2 Gold and silver towns

WB DIFFÉRENCIATION p. 103

Established as a mining camp in 1859, **Bodie** boomed after sizable[1] gold discoveries during the 1870s. The town was in decline by the 1910s; the newspaper ceased publication in 1912, and the railway was abandoned in 1918. The last mine closed in 1942.

1. important

Grammar SPOT

Bodie boomed **during the 1870s.** The town was in decline **by the 1910s.** (doc 2)

Lis les phrases et observe les mots en gras. Quelles informations donnent-ils ?

Source: *westernmininghistory.com.*

BANNACK

Founded in 1862, **Bannack** was briefly the capital of Montana. Up to 10,000 people lived in the surrounding area, hoping to make their fortune in gold, but by 1870 all the easy-to-reach[1] ore[2] was gone and the population rapidly declined to the hundreds. [...] Today, about 60 intact structures remain.

1. *facile à obtenir* 2. *minerai*

SAINT-ELMO

This well-preserved ghost town attracted over 2,000 residents by the 1880s, when gold and silver mining were at their peak[1]. [...] Poor quality ore sent the town into decline by the end of the decade[2]. [...] The industry abandoned the town for good in 1936.

1. maximum 2. period of ten years

Source: *geotab.com.*

a. Look at the map and **find** the characteristics of ghost towns.

b. Read the texts and **explain** how these towns were typical gold towns.

c. Say what contributed to the decline of all three towns.

AT HOME Choose another ghost town and **compare** it to Bodie, Bannack and Saint-Elmo.

Website
college.nathan.fr/**4sb101a**

Your mission

Draw and present an illustrated timeline of the ghost town of your choice.

1 **Choose** a ghost town on the map and **pick out** the dates and events.

2 **Draw** your timeline and **present** it to the class.

WB p. 105

Build your skills! **Donner des repères précis dans le passé**

- Utilise le prétérit pour situer des actions dans le passé : *The last mine* ***closed*** *in 1942.*
- Emploie des adverbes pour dater les événements : *They found gold* ***during*** *the 1970s.* • *The town was in decline* ***by*** *the 1910s.*
- Donne des intervalles de temps : *Thousands of people came* ***within a year****.* • *They discovered $17,000 in gold* ***in a couple of afternoons****.*

Build your English p. 107

Quiz
TEST your grammar & vocabulary
college.nathan.fr/**4sb101b**

Welcome to (ghost) town!

WB p. 106

Doc 1 Video

a. **Watch** the video and **list** all the activities that people could do in saloons.

b. **Explain** why saloons were essential in the Gold Rush regions.

Sheldon Shufelt lived in a cabin with six other miners. He describes life in camp in a letter

a. Read the letter (doc 3). **Say** who "many, very many" (l. 1) refers to.

b. Pick out words referring to bad behaviour.

c. Say how Sheldon Shufelt felt about gold towns.

Doc 3

Placerville, California, 1850

Many, very many, that come here meet with bad success & thousands will leave their bones[1] here. Others will lose their health, contract diseases that they will carry to their graves[2] with them. Some will have to beg[3] their way home, & probably one half that come here will never make enough to carry them back. [..] There is a good deal[4] of sin & wickedness[5] going on here, stealing, lying, swearing, drinking, gambling[6] & murdering. [...] We are trying to get laws here to regulate things but it will be very difficult to get them executed.

Sheldon Shufelt

1. die 2. *tombes* 3. *supplier* 4. a lot of 5. bad things 6. *jouer de l'argent*

Doc 2 **Video**

a. Watch the video and **find** what Luzena Wilson's husband wanted to do in California.

b. Say if it was a success.

c. Explain how his wife became rich.

Your challenge

TEAM WORK

Henry Stimler found a huge amount of gold. His treasure is hidden somewhere in this town. Find it before the other teams!

1. **Scan** the ghosts of Billy Marsh, Luzena Wilson and Sheldon Shufelt and **listen** to them. They will help you find the location of Henry's gold.
2. **Scan** the place to check you found the right location.

WB p. 109

Quiz
TEST your grammar & vocabulary
college.nathan.fr/**4sb103**

Ghost towns are alive

1 Ghost town tourism

WB p. 110

a. **Watch** the video (**doc 1**) and **pick out** information about Cerro Gordo.

b. **Explain** Brent Underwood's decision to buy Cerro Gordo.

c. **Read** the Instagram post (**doc 2**) and **find out** what Bannack State Park offers.

d. **Say** what keeps these ghost towns alive (**doc 1** and **doc 2**).

Grammar SPOT

A. Silver **was discovered** here high in the Inyo mountains. (doc 1)

B. They **discovered** silver here high in the Inyo mountains.

Quelle phrase est à la voix active ? À la voix passive ?

◄ Brent Underwood, Cerro Gordo's owner.

Doc 1

Video

Doc 2

bannackstatepark Bannack's annual Ghost Walks are here! Join the crew for a walk back through the more ghoulish and macabre events of Bannack's Past, October 21st and 22nd.

Shows are at 7 pm and 9 pm, and tickets are required.

$15 for 13 years and older, $10 for 12 and under.

112 likes

SEPTEMBER 10

▲ Instagram post by Bannack State Park (2022).

1. scary

2 A cursed ghost town

WB DIFFÉRENCIATION p. 111

Doc 1

BODIE STATE HISTORIC PARK
P.O. BOX 515
BRIDGEPORT, CA.
93519

Please find enclosed one weatherbeaten[1] old shoe. The shoe was removed from Bodie during the month of August 1978... My trail[2] of misfortune is so long and depressing it can't be listed here.

Dear Bodie... I'm sorry that I took this piece of metal from the town. I thought it was all a joke but it wasn't at all. Things are happening that are very hard to explain.

Dear Bodie,
Sorry I took the glass pieces.
I thought they were pretty.
My fish died the day after.

1. used
2. *parcours*

▲ Letters received by Bodie State Historic Park (2002-2003).

a. Read the texts (**doc 1**) and **say** what they are and who wrote them.

b. Explain why the people are writing to Bodie.

c. Guess what the curse of Bodie is.

Doc 2 Audio

▲ Tourists in the ghost town of Bodie, California.

Phonology SPOT Audio

cross • ghost • history • story • Bodie • took (doc 2)

Écoute et répète ces mots. Quels sons différents la lettre <o> peut-elle produire ?

a. Listen to the podcast (**doc 2**) and **explain** what the curse of Bodie is.

b. Find out what Bodie is compared to.

Your mission

Imagine the conversation between a tourist who believes in the curse and the ranger who invented it.

PARTNER A The **tourist** presents an object he or she took and says what happened afterwards.

PARTNER B The **ranger** explains why the curse was invented.

WB p. 113

Build your skills! **Présenter un objet ou une idée**

- Utilise le passif pour attirer l'attention sur l'élément plus que l'action : *The shoe* ***was removed*** *from Bodie.* • *The curse of Bodie* ***was created*** *by a single ranger.*
- Désigne l'élément en question grâce à un démonstratif ou à l'article *the* : ***this*** *piece of metal* • ***the*** *curse of Bodie.*

Build your English p. 107

Quiz
TEST your grammar & vocabulary
college.nathan.fr/4sb105

Game on!

EXO **Interactive game**
college.nathan.fr/**4sb106**

INTO THE GOLD MINE!

THE SKULL You're too scared to go on. Miss 1 turn!

THE BOTTLE You must find water because your bottle is empty. Miss 1 turn!

THE RATTLESNAKE A snake bit you! Miss 1 turn to heal your wounds.

THE DYNAMITE It's too dangerous to come here… Go back to square 1 (START)!

THE GOLD NUGGETS You're lucky! Move 3 squares forward!

How to play

- It's your turn to strike it rich! **Get** into groups of 2 to 4 players. Can you get to the gold before the others?
- **Roll** the dice and **move** your counter forward the same number of squares.
- If you can **answer** the question correctly, you can **play again**. If you **land** on a special square, **follow** the instructions.

1 START

2 When was gold discovered in California?

3

4 Which ghost town is famous for its curse?

5

6 Name 3 typical buildings you can find in a gold town.

7

8 Find 3 adjectives describing the atmosphere of a typical Gold Rush town.

9

10 Say why people go to ghost towns today.

11 Give the name of two different metals found underground.

12

13

14 Which town is Brent Underwood trying to rebuild?

15 Give the name of two ghost towns like Bodie (but not Bodie!).

16

17 What is the name of the people who came to California to look for gold?

18 Give the definition of a ghost town.

19

20 Name 2 states where you can visit ghost towns today.

21

22 Read these dates out loud. 1942 • 1870 • 2018

23

24

25 FINISH

+ EXERCISES p. 156

A Attirer l'attention sur le résultat d'une action avec la voix passive

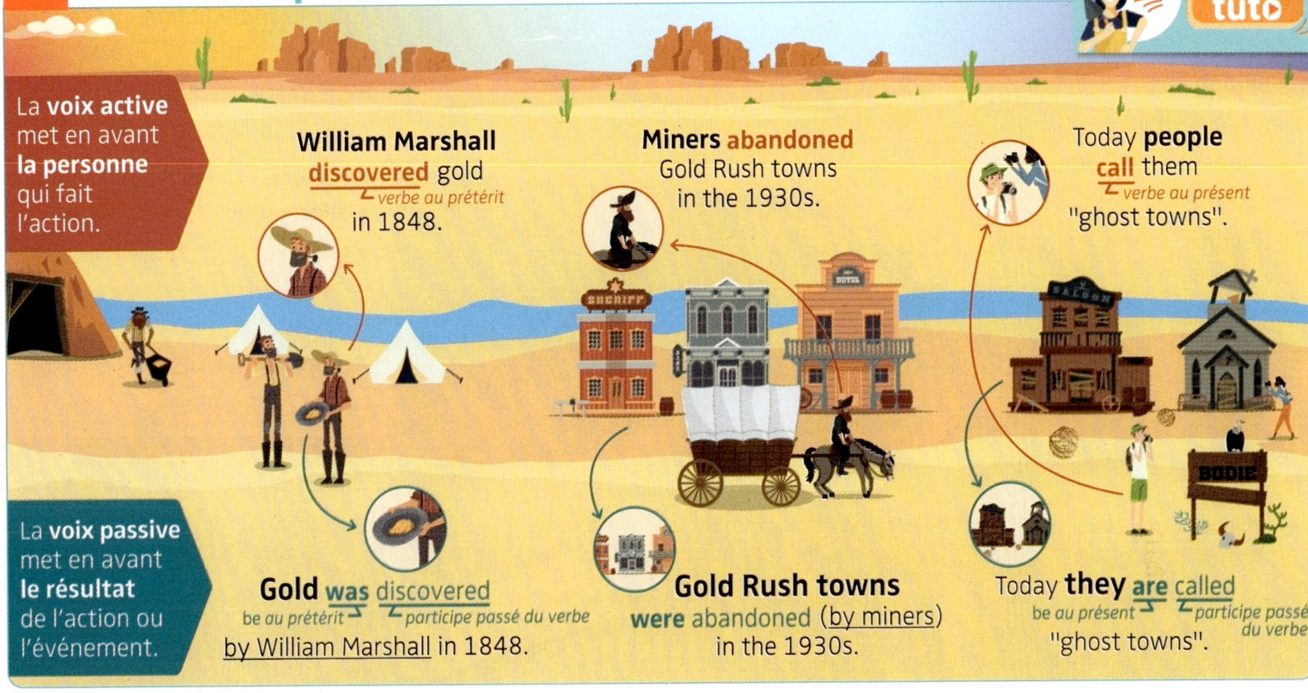

1 **Mets les phrases actives à la voix passive et les phrases passives à la voix active.**

a. Miners founded new towns in the West.
b. Visitors steal objects in Bodie.
c. Some miners wrote letters to their families.
d. A miner's shoe was taken from a house.
e. This ghost town is visited by tourists.

2 **Fais une phrase pour présenter chaque objet en utilisant le verbe suggéré à la voix passive.**

use — find — wear — hide

How to shine in grammar p. 135

B Les marqueurs de temps

→ Pour évoquer des faits du passé, on a recours à des **marqueurs temporels**.

in + année / mois / période	They arrived **in 1865**. They visited the town **in June**.
on + jour précis	They discovered gold **on May 7th 1876**.
during + période	**During the Gold Rush**, many people came to look for gold.
durée écoulée + **ago**	They left this town 120 years **ago**.
by + date butoir	**By the end of the 19th century**, no one lived in this town.

3 **Complète ces phrases avec le marqueur de temps qui convient.**

a. This town was founded ... 1864, ... May 10th to be precise.
b. My grandpa was a gold digger ... the Gold Rush.
c. I visited Bodie 4 years ... .
d. My family came to California ... the 1870s.

4 **Parle de l'histoire de Bannack en utilisant ces verbes et marqueurs de temps.**

build — abandon — start visits — turn into a museum

in the 1850s — by 1920 — in the 2010s — a few years ago

How to shine in grammar p. 137

Build your English!

WORDMAP

WB p. 101

Gold towns

- inn = small ho**tel**
- **cab**in = **wood**en house
- sa**loon**
- store = shop
- a**ban**don = go a**way** from
- at**tract**
- de**cline** /dɪ'klaɪn/ ≠ grow
- es**tab**lish

The atmosphere

- curse: *malédiction*
- ghost
- mis**for**tune = bad luck
- a**ban**doned /ə'bændənd/
- **cree**py = **sca**ry = **frigh**tening
- de**press**ing
- **ghou**lish /'ɡuːlɪʃ/ = ma**ca**bre /mə'kɑːbrə/
- **haun**ted
- re**mote** = far, distant
- dare /'deə/: *oser*

Tourism

- **land**mark
- mu**se**um
- **must**-see
- tour
- **tour**ist at**trac**tion
- walk
- **out**door ≠ in**door**
- own: *posséder*
- re**store**
- turn into = trans**form** into

The history

- 49er = forty-**ni**ner
- Gold Rush
- pre**served**
- boom ≠ go bust
- take a chance
- dis**cov**er
- over**night**: *du jour au lendemain*
- **rap**idly ≠ **slow**ly

Mining

- gold /'ɡəʊld/
- gold **mi**ner /'maɪnə/
- lead /led/: *plomb*
- mine
- ore: *minerai*
- **sil**ver
- de**ple**ted = **emp**ty
- dig
- look for = search for

Noun · Adjective · Verb · Adverb

VOCABULARY

+ EXERCISES p. 157

1 Give the names of these typical gold town buildings.

a. A place where people can socialise.
b. A place where you dig the ground to find gold.
c. A place where you can sleep.
d. A place where you can buy your equipment.

2 Match the opposite words!

3 Form as many Gold Rush words as possible with these letters. Use each letter only once in a word!

M G I O N L D N E S V R O

4 You work for a tourist agency in a ghost town. Describe the atmosphere using words from the wordmap.

How to shine in vocabulary p. 146

PHONOLOGY

A La prononciation de la graphie <o>

→ En anglais, la lettre <o> se prononce de façons différentes.

Son court
- population /ɒ/
- colour /ʌ/
- look /ʊ/

Son long
- story /ɔː/
- world /ɜː/
- saloon /uː/

Son court non-accentué
- community /ə/

Diphtongue
- gold /əʊ/

1 Écoute et répète ces mots, puis classe-les selon leur prononciation de la lettre <o>. Audio

ghost • rock • took • more • who • work • shop • old • history • nothing • information

2 Écoute et répète ces phrases en veillant à la prononciation de la lettre <o>. Audio

a. The history of ghost towns is surprising: old houses abandoned so many years ago and becoming local attractions.

b. People come from all over the world to discover these lost towns that are now museums with tourist shops.

How to shine in phonology p. 142

B L'accentuation des mots

→ Tous les mots anglais sont **accentués** sur une syllabe en particulier. La **place de l'accent tonique** varie selon les mots.

→ Il faut respecter cette accentuation pour se faire comprendre, d'autant plus que la place de l'accent peut changer le **sens** des mots. Par exemple, ***desert*** /'dezət/ veut dire "désert" alors que ***desert*** /de'zɜːt/ signifie "déserter".

→ L'accent tonique varie selon le **nombre de syllabes** du mot, ses **préfixes** et **suffixes**, et même sa nature.

3 Écoute et répète ces mots en faisant attention à la syllabe accentuée. Audio

visitors • destination • restore • demolish • discover • visit • museum

4 Anticipe l'accentuation des mots dans ces phrases, puis écoute et vérifie. Entraine-toi à les prononcer. Audio

a. Bodie is now a famous tourist destination! Visitors come here to discover more about the lives of miners in the 19th century.

b. They chose not to demolish these towns but to restore and transform them into museums.

How to shine in phonology p. 144

Your FINAL mission

Make a YouTube video to promote a ghost town for the tourist office of the region.

WB p. 114

→ The tourist office of a ghost town in the American West has asked you to record a video to promote the town.

→ On their YouTube channel, **share** what you know about the ghost town and **encourage** viewers to come and visit it.

STEP 1 ▶ **Choose** a ghost town and **present** it (history, location, activities, etc.).

STEP 2 ▶ **Give** details about what you have seen or learned.

STEP 3 ▶ **Share** your impressions and **explain** why it is a must-see.

STEP 4 ▶ **Record** your video to encourage people to visit the ghost town.

YES YOU CAN!

Record a promotional video.

Video

1 L'attitude

- Adresse-toi à la caméra et affirme-toi par ta posture, par ta voix, par ta façon de parler.
- Soigne ton intonation, ton accentuation, le volume et la vitesse de parole.
- Pense à ta gestuelle et sois dynamique pour partager tes impressions.
- Ne lis pas tes notes et utilise des *gap fillers* pour parler de manière fluide.

2 L'introduction

- Présente-toi brièvement ainsi que la chaîne YouTube de l'office de tourisme.
- Introduis le sujet de ta vidéo.

Welcome to The Somethin' Or Other Tour! We're in Bodie, California. This is a ghost town in Mono County, close to the Nevada border, southeast of Tahoe, northwest of Yosemite.

3 Les explications

Donne des informations pour présenter l'histoire du lieu et faire partager ce que tu as appris sur la ville à ton public.

This was a boomtown in the 1870s and it slowly started to die off as the gold mining profits around here started to plummet. It's now a National Historic Site and a State Park.

4 La persuasion

Partage ton enthousiasme et tes émotions pour donner envie aux personnes qui regardent ta vidéo de visiter cette ville.

I've been waiting to come here for years! Super thrilled!

5 La conclusion

Remercie les personnes qui ont regardé ta vidéo. Tu peux leur conseiller de la *liker* et de s'abonner à la chaîne YouTube de l'office de tourisme de la ville.

How to shine in speaking p. 130

Test your skills!

Compréhension de l'oral

A2+/B1 **Objectif** Comprendre un reportage de voyage

▲ Inside a cabin at Dunton Hot Springs, Dolores, Colorado.

A2 **1** Watch the video and **identify** its topic.

2 **Find** information about this place: what it is and its origins.

A2+ **3** **Explain** what transformation happened in this place.

B1 **4** **Find** reasons for people to own this place.

Compréhension de l'écrit

A2+/B1 **Objectif** Comprendre un article de blog

Along the desert drive to Las Vegas sits the famous silver mining ghost town known as Calico Ghost Town.

Calico is an Old West mining town that has been around since 1881 during the most significant silver strike[1] in California.

It had well over 500 mines and produced over $20 million in silver ore over a 12-year time span[2]. In the mid-1890s, silver lost its value, and so Calico also lost its population.

Today, the park is open for mine tours, gunfight shows, and gold panning[3]. Other highlights include the Calico & Odessa Railroad, an old mining building you can actually go into, and various shops.

Calico is a great place to spend a few hours of your day road-tripping to Death Valley National Park or Las Vegas. It is open daily and requires an entrance fee.

travelswithelle.com, October 2022

A2 **1** **Read** the text and **say** what type of document this is.

2 **Find** the name of the place and its location.

A2+ **3** **Describe** how it was from 1881 to the mid-1890s.

4 **Pick out** activities people can do there today.

B1 **5** **Explain** why this place is a must-see.

Quiz
TEST de positionnement
college.nathan.fr/**4sb111**

1. discovery
2. period
3. searching

Snapfile 11 Bigfoot or big fake?

▶ What is the North American myth of Bigfoot based on?

Your SNAP mission

Write an investigative article about Bigfoot.

1 Step into a Bigfoot hunter's cabin!

WB p. 115

Doc 1

DNA[1] ANALYSIS INDICATES BIGFOOT MAY BE A BIG FAKE

The Guardian, 2 July 2014.

1. ADN

Bigfoot Was Investigated by the FBI in 1977

"Bigfoot must be real, otherwise the FBI wouldn't have taken it seriously"

History, 22 January 202

'FINDING BIGFOOT' TEAM STILL CAN'T FIND BIGFOOT

Huffington Post, 13 July 2015.

"Bigfoot may still exist", says relation of Sasquatch expert

The Times, 14 October 2022.

The owners of a hotel say they "must have been" visited by a Bigfoot

Daily Star, 3 October 2022.

Doc 2

Video

▲ *Sasquatch'n*, investigative documentary by Kerr Lee Sugiyama, 2017.

Doc 3

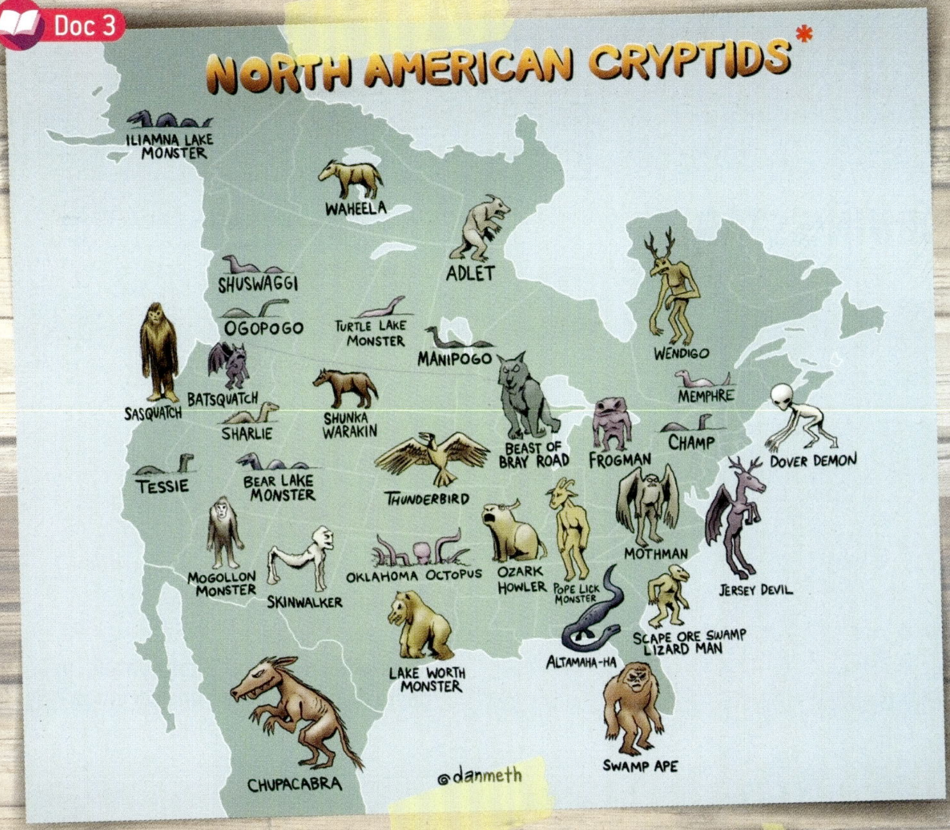

* creatures or animals with no proof of existence

Grammar SPOT

"Bigfoot **may** still exist", says relation of Sasquatch expert. • Bigfoot **must** be real! (doc 1)

Compare les deux phrases. Quel modal indique une conviction ?

Doc 4

Adapted from Weird N'Wild Creatures.

TEAM WORK

a. TEAM A **Read** the clippings (doc 1) and the map (doc 3) and **find** information about the existence of Bigfoot.

TEAM B **Watch** the video (doc 2) and **pick out** the questions about Bigfoot.

TEAM C **Read** the card (doc 4) and **list** Bigfoot's characteristics.

b. Share your information with the other teams.

Your SNAP mission — STEP 1

Prepare the first part of your investigative article.

1. **Draw** a sketch and **write** a presentation of the creature. **Explain** what it looks like and where it lives.
2. **Ask** the main question about Bigfoot. **Recap** the origin of its name and the elements leading to doubt its existence.

WB p. 118

Build your skills! Exprimer le doute et la conviction

- Utilise le modal ***may*** pour parler d'une probabilité : *DNA analysis indicates Bigfoot **may** be a big fake.*
- Utilise le modal ***must*** pour parler d'une conviction intime : *'Bigfoot **must** be real!'*

Build your English p. 116

2 Keep investigating in the forest!

WB DIFFÉRENCIATION p. 119

Doc 1

VERNON MORNING STAR

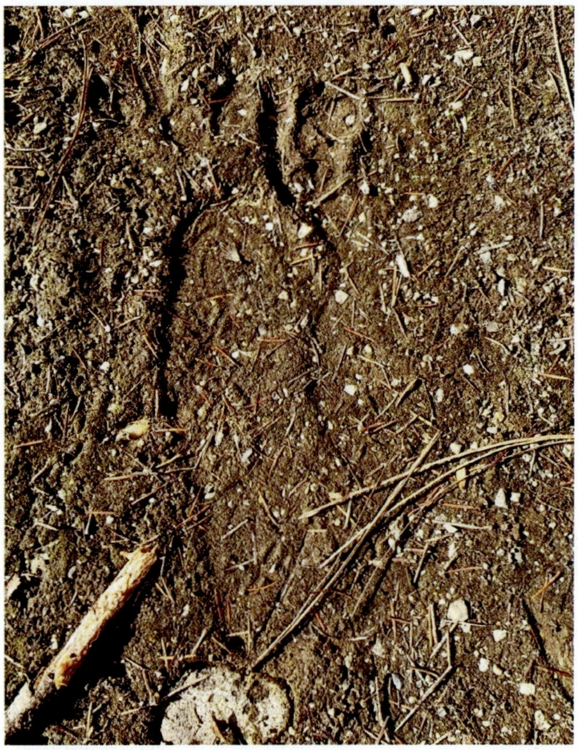

A large footprint is being examined by wildlife experts.

Bigfoot? Footprint near Lumby examined

JENNIFER SMITH / Apr. 13, 2020 11:30 a.m. TRENDING NOW

A strange footprint, thought to be that of Bigfoot, is getting some attention from wildlife[1] experts.

Sarah McRann was at Shuswap Falls, near Lumby, Sunday, April 12, when she noticed a large print in the dirt, which she recognizes from previous encounters[2].

"This is not an animal print and I wouldn't say a man print either[3]," said McRann. "I have actually seen a 'Bigfoot' before, in 2018." [...]

But one local wildlife expert is skeptical[4] and says tracking[5] involves having two or three footprints, not just one. [...]

Conservation officer Tanner Beck questions the footprint.

"Hard to tell but it doesn't look like wildlife," he said, suggesting it could be an old shoe print.

Grammar SPOT

It **could be** an old shoe print. (doc 1)
This **might be** a hoax. (doc 2)

Repère les modaux. Expriment-ils un degré de probabilité ou une certitude ?

Phonology SPOT Audio

this • through • think • with • these • thing (doc 2)

Écoute et répète ces mots. Que remarques-tu concernant la prononciation des lettres en rouge ?

a. **Look** at the picture and **guess** what it is.
b. **Read** the article and **pick out** words referring to Sarah McRann's discovery.
c. **Recap** the hypotheses about it.

1. fauna 2. *rencontres* 3. *non plus*
4. not convinced 5. *suivre une trace*

Doc 2 · Video

Adapted from *unexplainednews.com*.

a. **Read** the document (doc 2) and **say** who or what could be confused with Bigfoot and why.

b. **Watch** the video and **describe** what the boys filmed.

c. **Pick out** words showing people's reactions to the video.

Doc 3 · Video

A representation of Sasquatch by the Sts'ailes First Nation.

a. **Study** the picture (doc 3) and **make** hypotheses about its nature.

b. **Watch** the video and **explain** what the two men are doing.

c. **List** the elements referring to the origins of Sasquatch.

Your SNAP mission — STEP 2

Continue writing your investigative article.

1. **Explain** what you have found out on Bigfoot and the different hypotheses about it.
2. **Write** your conclusions on its existence.

WB p. 122

Build your skills! Écrire un rapport d'enquête

- Choisis des verbes d'état pour décrire : *It doesn't **look like** wildlife.* • *He **seems** to match the height of the figure in the footage.*
- Emploie les modaux ***could*** et ***might*** pour exprimer un degré de probabilité : *It **could** be an old shoe print.* • *…what a Bigfoot **might** look like.*

Build your English p. 116

Quiz
TEST de positionnement
college.nathan.fr/4sb115

Build your English!

GRAMMAR

+ EXERCISES p. 157

Vidéo GRAMMAR tuto

→ Exprimer des hypothèses grâce aux modaux

Les **modaux** de probabilité permettent de faire des **hypothèses**. Selon le modal, le **degré de probabilité** est différent.

	modal + BV
90% de probabilité = MUST C'est sûr, je le déduis. (Ce doit être... / Il est certain que c'est...)	I'm sure this is not a human footprint. It **must be** an animal footprint!
50% de probabilité = MAY C'est possible, mais pas sûr. (Tu remarques peut-être... / Il se peut que tu remarques...)	If you look at this footprint closely you **may notice** it is very hairy.
50% de probabilité = COULD C'est possible si les conditions sont réunies. (Elle pourrait appartenir... / Il se peut qu'elle appartienne...)	If this is not a human footprint, it **could belong** to a bear... or to a Bigfoot!
30% de probabilité = MIGHT Il y a une chance, un risque pour que... (Cela pourrait être... / Il se pourrait que ce soit...)	I know it sounds crazy, but it **might be** a Bigfoot print!
0% de probabilité = CAN'T / CANNOT C'est impossible. (Il ne peut pas appartenir...)	This foot **can't belong** to a human being. It's too hairy!

1 Reformule ces phrases à l'aide des modaux must, could, may ou can't.

a. I'm not sure but I think this shape behind the tree is a sasquatch! ➔ This shape…

b. I'm sure you know Bigfoot! ➔ You…

c. Some people believe Bigfoot lives in this forest. ➔ Bigfoot…

d. This is nonsense! It's impossible, this is not a sasquatch's hair! ➔ It…

e. This is probably a human footprint. ➔ It…

2 Émets des hypothèses à partir de l'image et des verbes et modaux proposés.

see • find • meet • live

may • might • can't • must

How to shine in grammar p. 138

PHONOLOGY

→ La prononciation de la graphie <th>

→ Le <th> est **spécifique** à l'anglais et sa prononciation peut poser problème car ce n'est ni un /s/ ni un /z/. Selon les cas, il se prononce /ð/ comme dans *this* ou /θ/ comme dans *thanks*.

3 Écoute et répète ces mots en te concentrant sur la prononciation du <th>. Audio

think • with • things • these • mouth • them

4 a. Écoute et répète ces mots, puis classe-les selon la prononciation de <th> : /ð/ ou /θ/. Audio

other • nothing • north • myth • earth • they • through

b. Répète les mots de l'exercice 3 et classe-les selon la prononciation de <th> : /ð/ ou /θ/.

How to shine in phonology p. 142

VOCABULARY

EXERCISES p. 157

Creatures

- ape /eɪp/ = large **mon**key
- arm
- **bod**y
- foot (pl. feet)
- height /haɪt/: *taille*
- leg
- **mon**ster
- **wild**life /'waɪldlaɪf/
- **hair**y

Fakes

- hoax
- **scep**tic
- **scep**tical
- sus**pi**cious /sə'spɪʃəs/
- **baf**fle /'bæfl/ = con**fuse**
- look like = re**sem**ble
- seem = ap**pear**

Culture

- com**mu**nity
- First **Na**tion
- **Na**tive A**mer**ican
- in**dig**enous /ɪn'dɪdʒɪnəs/

Myth

- imagi**na**tion
- **leg**end
- **spir**it
- **sym**bol
- **leg**endary
- my**ste**rious
- strange = weird /wɪəd/
- super**na**tural
- be**lieve**
- sup**po**sedly

Geography

- **for**est = woods
- lake /leɪk/
- re**serve**
- **riv**er
- **ter**ritory
- (**wa**ter) falls
- **wil**derness /'wɪldənəs/

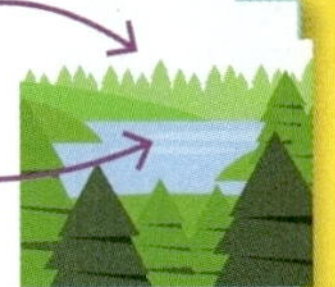

Investigation

- **ev**idence = clue
- **foot**print
- in**ves**tigator
- **sigh**ting /'saɪtɪŋ/
- ex**am**ine
- in**ves**tigate
- **no**tice
- **ques**tion
- track down

- Noun
- Adjective
- Verb
- Adverb

1 **Match the synonyms.**

seem baffle clue fake strange confuse evidence appear hoax weird

2 **Let's investigate! Find the eight words hidden in the grid.**

F S J Q
B S N U C M M S
V E I O P Z P Y U K
G L G T E H Q S S M
A X I H I R N E T P O X
R C E T C N N W E I N E
O A V I E A K V R C S H
D F E N G T W P I I T O
R G G N U F B O O E
C S P I R I T U U R
L Q C A Y B S S
Q L F W

3 **Find the words corresponding to these definitions.**

a. A story coming down from the past: ...
b. The native fauna of a region: ...
c. Find someone or something after difficult search: ...
d. To observe or study by close examination: ...

4 **Describe the Bigfoot Monster as precisely as possible.**

How to shine in vocabulary p. 146

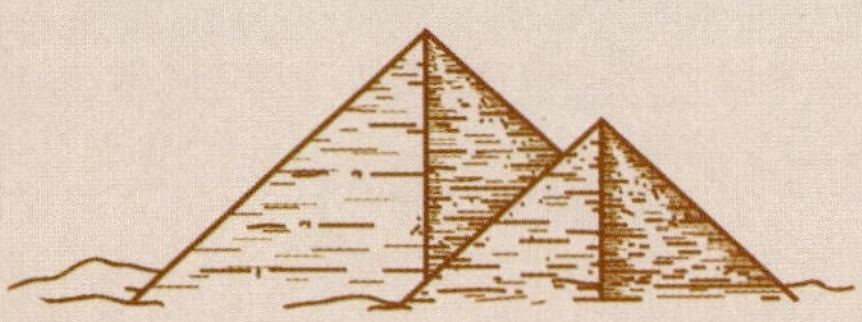

DISCOVER DEATH

1 Dive into Agatha Christie's book!

WB p. 123

Audio version

"I'd like to put my dear little pistol against her head and just pull the trigger[1]".

A cruise down the Nile on a river steamer[2] sounds like the perfect way to get away from it all.

But the tranquil darkness of an Egyptian evening can change fast when the air is thick with hot passions and cold malice. Temperatures rise when the first passenger is shot, and Hercule Poirot must abandon the mysteries of ancient Egypt and focus on altogether[3] deadlier matters[4]...

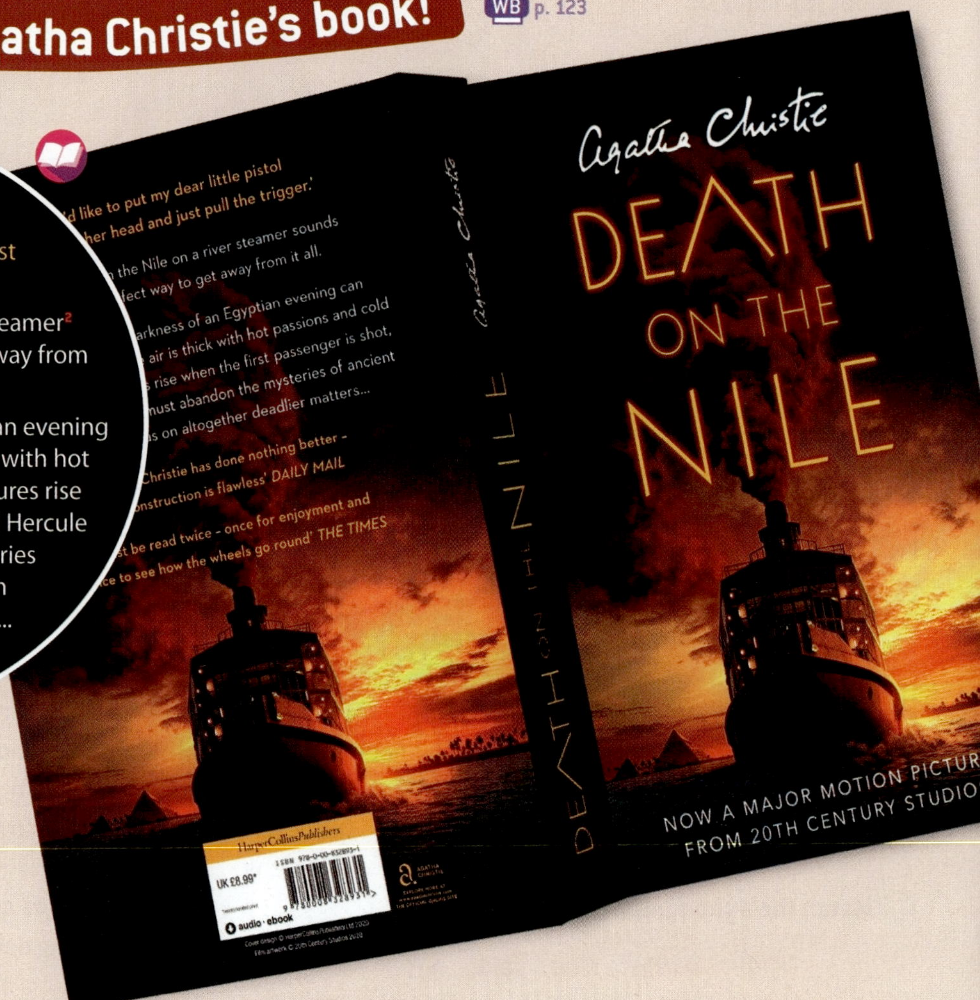

1. *appuyer sur la gâchette* 2. *paquebot*
3. completely 4. problems

Read the summary and **identify** the place, the situation and the main character.

2 Meet Hercule Poirot

WB p. 124

Audio version

Tim Allerton and his mother are on a holiday in Egypt. They are staying at a hotel before embarking on a boat cruise along the river Nile.

"That's Hercule Poirot, the detective" said Mrs Allerton.
She and her son were sitting in brightly painted scarlet[1] basket chairs outside the Cataract Hotel at Assuan. They were watching the retreating figures[2] of two people – a short man dressed in a white silk[3] suit and a tall slim girl.
Tim Allerton sat up in an unusually alert fashion[4].
"That funny little man?" he asked incredulously.
"That funny little man!"
"What on earth's he doing[5] here?" Tim asked.

Agatha Christie, *Death on the Nile*, 1937

Read the extract and **draw** the scene.

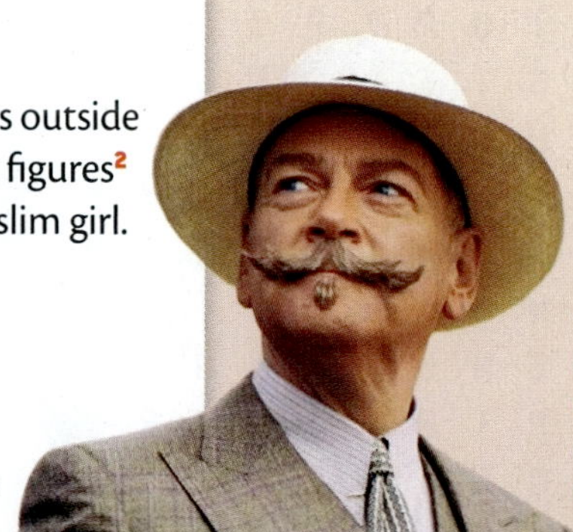

1. red
2. *silhouettes*
3. *soie*
4. way, manner
5. *Que peut-il bien faire*

ON THE NILE

3 Who killed who? WB p. 125

Study the picture and **find** an adjective to describe each character.
Then **listen** to the audio and **take** notes about the different passengers. Audio

Your challenge

Predict who is going to die and who is going to kill. Discuss your predictions in groups. WB p. 126

The victim may be... because...

Simon might die because...

Perhaps the culprit is...

Linnet is... so she can't be a killer!

Quiz
TEST yourself
college.nathan.fr/4sb119

UNMASK THE

was lying on her side. Her attitude was natural and peaceful. But above the ear was a tiny hole with an incrustation of dried blood around it.

Poirot shook his head sadly.

Then his gaze[1] fell on the white painted wall just in front of him and he drew in his breath sharply. Its white neatness was marred[2] by a big wavering[3] letter J scrawled in some brownish-red medium.

Poirot stared at it, then he leaned over the dead girl and very gently picked up her right hand. One finger of it was stained a brownish-red.

Agatha CHRISTIE, *Death on the Nile*, 1937

1. *regard* 2. *taché* 3. *hésitante, tremblante*

MURDERER!

Audio

Feuille de route

HOW to shine in... READING

Afin de t'aider à bien lire et comprendre différents types d'écrits, voici quelques conseils à suivre.

STEP 1
Chercher des indices

- **Émettre des hypothèses** sur le texte grâce aux informations dont on dispose sur le document (source, auteur, date, titre, illustration, etc.).
- **Déterminer le type de document** dont il s'agit grâce aux indices repérés : extraits de roman, d'article de presse, de script ; poème, etc.
- **Lire le texte dans son intégralité** sans s'arrêter sur les mots inconnus pour dégager le thème du document.

STEP 2
Effectuer les premiers repérages

- **Les noms propres et les noms commençant par une majuscule** : que représentent-ils ? (lieux, personnages, nationalités, etc.)
- **Les nombres** : à quoi font-ils référence ? (âge, date, quantité, etc.)
- **Les pronoms personnels** (*I, he, her, them*...) : à qui font-ils référence ?
- **Les mots transparents** : s'aider de leur **ressemblance** avec le francais.
- **Les répétitions** : dégager les idées principales.
- **Les mots de liaison** : faire le **lien** entre les différents éléments du texte (succession d'événements, lien entre les personnages, etc.).

▲ Dr Frankenstein and the monster in a colourised version of *Frankenstein* (1931).

Suddenly, I saw a man on the ice. He was quite far away, but he was coming quickly towards me. The man took long steps[1], across the ice. Then I realised who it was. It was the monster! I was angry and I was frightened. I wanted to fight him. I wanted to kill him.

'Go away, you terrible monster!' I screamed. 'Or stay and die! I want to destroy you. But I cannot bring back the two people that you have killed!'

'Everybody hates me, and you hate me too,' replied the monster. 'But you created me. You are responsible for me. You made me, but now you want to destroy me. You do not know my misery. How can you play with life like this? Please listen to me and help me. Do what I ask. Then I will leave you and be good. I will never see you again. I will not make any trouble for you. And I will not hurt anyone again. If you refuse, I will kill all your friends!'

Mary SHELLEY, *Frankenstein*, 1818, adapted by Deborah Tempest

▲ *File* 6, p. 64

1. pas

STEP 3
Mettre en lien les informations

- **S'approprier le texte** : surligner, souligner, entourer, relier les mots importants, etc.
- Utiliser tous les éléments que l'on a appris à repérer pour réussir à comprendre le texte.
- **S'appuyer sur la structure du texte** : différents paragraphes, mots de liaison, conjonctions de subordination, etc.

TIPS

- Ne t'arrête pas sur les mots que tu ne connais pas ! Ils ne t'empêcheront pas de comprendre **l'essentiel**.
- Si besoin, appuie-toi sur le **contexte**. Demande-toi si le mot a un sens positif ou négatif.

frightened → Il se trouve dans le même phrase que *angry* qui a un sens négatif. Qu'en conclus-tu pour *frightened* ?

- Analyse la **formation** des mots en partant de ce que tu connais : *quickly* → adjectif *quick* + **-ly** = rapidement
created → verbe *create* + **-ed** = créer au prétérit
across → *a* + verbe *cross* (= traverser) = à travers

Your turn to shine!

À toi de jouer ! Suis les étapes indiquées pour bien lire et comprendre le document suivant.

Living with Yourself shows the duality of man with Paul Rudd's excellent performance

Living with Yourself focuses on Miles Elliot (Rudd), an employee at Pool Marketing who is unhappy in his work and personal life. A successful coworker tells him about Top Happy Spa, a mysterious spa run by two equally mysterious scientists, that will change him for the better. Desperate for a change, Miles gets the procedure done and he comes out feeling rejuvenated[1]. When he returns home, his wife Kate (Aisling Bea) is surprised to see how bright he is. Miles had become a whole new person, but of course, everything is not what it seems. Miles discovers that the spa made a clone of him and planned on killing the sad, damaged version of himself. The series dives into how Miles deals with his relationship with his clone, and vice versa. […]

Rudd's performance in *Living with Yourself* deserves to be praised[2]. Old Miles bares[3] such a huge difference to New Miles despite appearing and sounding similar. […] Rudd believably plays two contrasting characters so well that it's difficult to tell that both Miles are played by the same actor.

Anna Baik, *The Highlander Newspaper*, October 29, 2019

1. young again 2. applauded 3. shows

STEP 1

- Observe les informations fournies tout autour du texte : quels sont les mots-clés du **titre** du texte ?
- Que t'évoque l'**image** en lien avec le titre du texte ? Que t'apporte la **source** sur le **type** de document ?
- Lis le texte une première fois. Quel en est le **thème** ?

STEP 2

- Repère les **mots-clés** : les noms propres, les mots en italique, les nombres, les pronoms personnels et ce à quoi ils correspondent, les mots transparents.
- Confirment-ils tes **hypothèses** ?
- Quelles **informations supplémentaires** t'apportent-ils sur le thème du document ?

STEP 3

- Lis le texte une seconde fois.
- Repère les **champs lexicaux** utilisés, notamment les mots négatifs et positifs.
- Identifie aussi les **mots de liaison** employés.
- Quelle **opinion** l'auteure émet-elle ?

Now recap!

What have you understood? Write or record a recap. Use the questions below to guide you if necessary.

1. What type of document is it? What is it about?
2. What differences are there between the two Miles?
3. What makes the actor's performance so interesting?

HOW to shine in… LISTENING

Pour t'améliorer en compréhension de l'oral, gagner en confiance et devenir plus autonome, voici une méthode que tu peux utiliser.

STEP 1
Mobiliser ses connaissances avant d'écouter

- Utiliser tous les éléments (titre, images, dates, légende, thématique de séquence…) pour **anticiper**.
- Mobiliser les **idées** et le **lexique** associés afin de préparer l'écoute.
- Faire des **hypothèses** sur le contenu du document.

illus provisoire

Sports role models

2 Siya Kolisi

Doc 2 — Video

▲ Siya Kolisi, captain of the South African rugby team posing with his fans in Johannesburg, South Africa, 2019.

▲ *File* 4, p. 44

- **Lis le titre** et mets-le en lien avec l'image.
  Who are "Sports role models"? Who is Siya Kolisi? Is he a role model? Why?
- **Concentre-toi sur l'image** et commence à faire des hypothèses sur le contenu du document.
  It's a sports stadium. There is a sportsman and there are spectators too. They look like fans. They are smiling and posing for photos. I can see the colours of the South African flag.
- **Lis la légende**, qui donne des informations complémentaires.
  Siya Kolisi is the South African rugby captain. The photo is from 2019.

STEP 2
Accéder au sens global (1re écoute)

- Ne pas prendre de notes à la première écoute. Utiliser tous les **indices sonores** (accents, intonations, bruits) pour comprendre la situation.
- Repérer les éléments nécessaires à la **compréhension globale** pour **confirmer ou infirmer tes hypothèses** de départ :
  – le **nombre de voix** et les caractéristiques des locuteurs : *one voice, a monologue, a man, a foreign language / maybe an African language or dialect…*
  – l'**intonation** et le **ton** employés, qui donnent des indications sur l'émotion ou l'intention : *calm, patient, determined, proud…*
  – les **bruits ambiants,** qui peuvent donner des informations sur le lieu ou le contexte : *soft music in the background.*
  – la **nature** du document : s'agit-il d'un reportage, d'un extrait de film, d'une conversation entre amis, d'un entretien, d'un documentaire, d'une publicité, etc. ? *documentary ? for me…, I went to training…, my community…*

- Si le document est une vidéo, les images t'aideront à comprendre !
- Ne panique pas si tu ne comprends pas tout à la 1re écoute !

STEP 3
Affiner sa compréhension (autres écoutes)

- Prendre des **notes** et les compléter en repérant :
  – les **dates**, les **lieux**, les **chiffres** : *African Bombers, South Africa, Springboks.*
  – les **mots qui sont répétés** : ce sont probablement les mots les plus importants, qui donnent du sens au document : *training, team, home, give, proud.*
  – les **mots accentués** : *hungry, eat, school team, club, family, love, support, time, jersey.*
- Valider ou invalider les **hypothèses**.
- Ajouter toute **information** pertinente, en partant de ce qui est connu pour comprendre ce qui ne l'est pas.
- Commencer à faire le lien entre les **idées**.

TIPS

Lorsque tu prends des notes :
- Écris des **mots-clés** ou des **expressions courtes** directement **en anglais**.
- Organise tes notes sous forme de **carte mentale** ou de **tableau**.

Your turn to shine!

À toi de jouer ! Suis les étapes indiquées pour bien écouter et comprendre le document suivant.

1 A sports hero

Doc 1 — Video

▲ Young fans interview English footballer Marcus Rashford who put pressure on the government to help feed poor children during Covid.

STEP 1

- Regarde **l'image** et lis le **titre**. Quelle est la **nature** du document que tu vas écouter ?
- Quels sont les **mots-clés** dans la **légende** ?
- Commence à faire des **hypothèses** : sur quoi le document va-t-il porter ? Quel type de lexique vas-tu entendre ?
- **Prépare-toi** à visionner le document pour la première fois.

STEP 2

- Regarde la vidéo et repère les **personnes qui parlent**. Combien sont-ils ? Qui sont-ils ? Que font-ils ?
- Regarde les **lieux**. Où se déroule l'entretien ?
- Écoute ce qui est dit. Quel **ton** est-il employé ? La globalité du message correspond-elle à tes **hypothèses** ?
- À la fin du visionnage, **note** ce que tu as compris. Laisse de la place pour pouvoir compléter tes notes lors des visionnages suivants.

STEP 3

- Regarde à nouveau la vidéo et écoute attentivement tout en prenant des **notes**. Certains mots sont-ils **répétés** ? **accentués** ? Lesquels ?
- Entends-tu des **dates** ? Des **lieux** ? Des **nombres** ? À quoi correspondent-ils ?
- **Complète tes notes** en rajoutant des informations à chaque écoute.
- Les nouveaux éléments **confirment**, **contredisent** ou **modifient**-ils le message que tu avais initialement compris ?

Now recap!

What have you understood? Get ready to recap the information.

1. What type of document is it? Where was it filmed?
2. Who is speaking? What is it about? Why?
3. What did you learn?

HOW to shine in… WRITING

Tu vas être amené(e) à rédiger différents types d'écrits.
Voici quelques étapes à suivre pour bien répondre aux sujets.

As a nature lover, write a blog article to raise awareness about endangered species in South Africa and give possible solutions.

▲ File 2

STEP 1 Comprendre le sujet

Lire attentivement la **consigne** et repérer :

- **le contexte** : qui rédige le texte (un élève, un spécialiste, un journaliste, etc.) et à qui est-il destiné (des adolescents, des adultes, des spécialistes, etc.) ?
- **le type d'écrit attendu** : s'agit-il d'un article de presse ? d'une lettre ? d'un extrait de fiction ?
- **le sujet et l'objectif de cet écrit** : quel est le thème à aborder ? S'agit-il de donner son opinion ? de convaincre ? de raconter ? d'expliquer ?

STEP 2 Noter ses idées

- Partir du thème à traiter et écrire **toutes ses idées et le lexique** qui émergent suite à l'étude des documents en classe.
- Organiser ses idées par **grands thèmes** (sous forme de tableau ou de carte mentale).

Endangered species in South Africa

Facts
- elephant population has declined by 70% in 40 years
- fewer than 450 African wild dogs

Problems
- loss of habitat
- hunting, poaching
- pollution

Solutions
- WWF fundraising campaign
- sanctuaries, reserves
- education, demonstration
- ecosystem restoration

Raise awareness
- take urgent action
- save, preserve
- react, help

STEP 3 Faire un plan

Structurer, **organiser ses idées** en se focalisant sur le type d'écrit attendu et son objectif.

Type d'écrit : article de blog → plan logique ou thématique.

Objectif : sensibiliser les lecteurs → mettre l'accent sur les problèmes et proposer des solutions.

Plan :
1) Surprising facts about endangered species
2) Problems and possible evolution in the future
3) Solutions to stop extinction and encourage people to take action

STEP 4 Rédiger son texte

- **Choisir un titre court** qui interpelle et donne envie de lire : *Saving South African wildlife*
- **Développer les idées** en les illustrant par des **exemples** : *Restoration can include planting trees, cleaning rivers or lakes, protecting important landscapes or indigenous species.*
- **Structurer son texte** en utilisant des **mots de liaison appropriés :** des connecteurs de temps (*First, then, finally…*), des connecteurs de cause ou de conséquence (*because, so, as a consequence…*), des connecteurs d'ajout (*also, moreover…*) ou d'opposition (*but…*).
- **Respecter la forme du texte attendu :** structurer en paragraphes, respecter la ponctuation, ajouter les formules d'usage si nécessaire (*ex.* : salutations dans une lettre), etc.

STEP 5 Relire sa production

- Faire **plusieurs relectures ciblées** pour vérifier :
  – la **conjugaison** des verbes et la concordance des temps ;
  – l'**orthographe** (ex : noms pluriels avec un « *s* », adjectifs invariables, majuscules aux noms propres, etc.) ;
  – la **ponctuation**.
- **Vérifier que toutes ses idées sont bien traitées** dans le texte.

TIPS

- Si tu ne connais pas un mot, cherche **des expressions équivalentes ou des synonymes**.

Your turn to shine!

À toi de jouer ! Suis les étapes indiquées pour rédiger le texte demandé.

You work at a reserve for endangered animals in South Africa. You write an email to WWF to help you raise funds for your sanctuary and stop the extinction.

STEP 1

- Lis le sujet et interroge-toi :
  - Quel **type d'écrit** est-il demandé ?
  - Quel est le **thème** du texte ?
  - Quels sont les **objectifs** ?
  - Qui **rédige** le texte et qui sont les **destinataires** ?

STEP 2

- Fais une liste des **formulations** que tu peux utiliser pour écrire un e-mail.
- Récapitule tout **ce que tu as appris sur les animaux en danger en Afrique du Sud**, les **problèmes** rencontrés et les **risques** pour l'avenir. Utilise le modal *will* pour évoquer une situation future.
- Liste des **solutions** qui pourraient être mises en place si l'association t'aide à financer ta réserve.

STEP 3

- Organise tes idées sous forme d'un **plan logique** :

Présentation de toi et de ta réserve → Les problèmes rencontrés → Les conséquences pour l'avenir → La demande d'aide

STEP 4

- Commence ton texte avec une **formule d'usage** propre à un e-mail : *Dear Sir or Madam, ...*
- Utilise des **connecteurs logiques** pour relier les parties de ton plan et les idées à l'intérieur de chaque partie : *First, moreover, whereas, therefore, then, finally.*
- Si tu n'es pas sûr(e) de toi, privilégie les **phrases simples** (sujet + verbe + complément) pour éviter les erreurs : *Rhinos will disappear. They will be extinct.*
- Si tu es à plus à l'aise, utilise des **phrases complexes** : *If urgent action is not taken, the number of rhinos will decline.*
- N'hésite pas à interpeller le(la) lecteur(trice) grâce aux **pronoms personnels** et **adjectifs possessifs** : *What do **you** think? **Our** species need help.*

STEP 5

- **Relis ton texte** : as-tu bien **traité le sujet** ?
- Quels **temps** as-tu utilisés ? Vérifie que les verbes sont correctement conjugués.
- Relis tes **notes** au brouillon : n'as-tu rien oublié ?

HOW to shine in… INTERACTING

Échanger avec les autres est primordial dans la pratique d'une langue. Voici des stratégies à adopter pour bien t'exprimer à l'oral en interaction.

Act out a conversation with your Australian friend about a trip in the outback.
Partner A Ask questions to learn more about life in the outback.
Partner B Give information about the outback and provide some advice for your friend.

▲ File 8

STEP 1 Comprendre le sujet

Lire attentivement le sujet et repérer :

- **le contexte** : est-ce une émission de radio ou de télévision, une conférence de presse, une interview journalistique, un débat en classe, une conversation entre amis, un jeu, etc. ?
- **l'objectif de cette interaction** : échanger des informations, convaincre, débattre, etc. ?
- **les participant(e)s** : quel registre sera utilisé (familier ou soutenu) ? Quels codes doivent être respectés dans l'échange (salutations, remerciements, etc.) ?

STEP 2 Préparer ses idées

- En fonction du rôle choisi dans l'interaction, noter au brouillon toutes les **idées et informations utiles** pour poser des questions riches et variées, donner des exemples pour défendre un point de vue, etc.
- **Anticiper** la manière dont les interlocuteurs(trices) pourraient répondre et prendre des notes en vue des réponses éventuelles à donner.

⚠ Ne pas rédiger des phrases complètes au brouillon, mais simplement noter des mots et expressions.

Partner A Questions

– a fascinating place?
– type of landscape?
– life in the outback?
– how dangerous?
– tips?
– things to take in my suitcase?

Partner B Information

– description of the outback: landscape and wildlife
– people you met during your trip
– dangers/tips to survive in the outback
– things to take in your suitcase

STEP 3 Interagir

- **Animer et participer à l'interaction** en fonction de son rôle :
  – se saluer ;
  – exposer brièvement le sujet ;
  – donner son point de vue ;
  – poser des questions ou y répondre avec précision ;
  – relancer la discussion, etc.
- **Écouter attentivement** ce que disent les autres :
  – montrer de l'intérêt ;
  – réagir aux propos tenus, en exprimant son approbation, son désaccord, sa surprise ;
  – reformuler sans couper la parole pour s'assurer d'avoir bien compris, etc.
- **Adapter son attitude et sa posture** :
  – parler haut et fort ;
  – veiller à adopter une intonation adéquate ;
  – faire des pauses et utiliser des *gap fillers* pour rester naturel(le) ;
  – regarder ses interlocuteurs(trices) dans les yeux ;
  – rester souriant(e) et courtois(e).

TIPS

Voici des amorces qui peuvent t'aider pour :

- Exprimer clairement ton **point de vue** : *In my opinion …* • *I think that …* • *I believe that …* • *I'm convinced that …* • *To my mind …* • *To me …*
- Exprimer ton **accord** : *I agree with you …* • *You're right when you say …* • *It is true that …*
- Exprimer ton **désaccord** : *I don't think so.* • *I (totally) disagree with you!* • *I don't share your opinion.*
- **Reformuler :** *What did you mean when you said that …?* • *Did you really mean that …?* • *May I ask you why you said …?*
- Dire que tu n'as **pas compris** : *I'm sorry, I didn't hear …* • *Could you repeat please ?* • *Do you mean that …?* • *I'm not sure I understand what you mean …*
- Utiliser des ***gap fillers*** : *Let me think …* • *Well …* • *So …* • *I mean …* • *You know …*

Your turn to shine!

À toi de jouer ! Suis les étapes indiquées pour participer au débat.

As a travel expert, you take part in a talk show on the most dangerous places to visit for tourists. The debate topic is: "Isn't it too dangerous for tourists to travel in the outback?"

STEP 1

Lis le sujet et interroge-toi :

- Quel est le **contexte** ?
- Quel est **l'objectif** de cette interaction ?
- Qui sont les différent **participant(e)s** et quel est leur **rôle** dans l'interaction ?

STEP 2

Choisis ton **rôle** dans le débat et **prépare** tes interventions.

Tu dois mener le débat.

- Prends quelques **notes** sur le thème du débat.
- Assure-toi d'adapter ton **registre de langue** à la situation.
- Sois prêt(e) à **présenter le sujet et les différent(e)s intervenant(e)s**.

Tu participes au débat.

- Prends des **notes** sur le thème du débat et **prends position** sur la question posée.
- Explicite ton point de vue avec quelques **exemples**.
- Sois prêt(e) à rebondir sur les propos des intervenant(e)s pour dire si tu es **d'accord ou non**.

STEP 3

Introduction

- **Accueille** tes invité(e)s et **remercie**-les de participer à l'émission.

Welcome to our talk show!
Thank you for joining us today!

- **Expose** brièvement le sujet.

Let's talk about travelling in the outback!

Animation

- Pose des **questions** sur le sujet et maintiens le fil du débat.
- **Relance tes invité(e)s** si nécessaire.

You said "…" Do you mean that…? • What about…?

Attitude

- **Écoute** attentivement tes invité(e)s.
- Réagis à leurs propos sous forme **d'affirmations** ou de **questions**.

That's right… • Good point! • Well said! • Do you think…?

Salutations

- **Salue** et **remercie** l'animateur(trice) pour son accueil.

Good afternoon! Thank you for having us.

Explications

- Présente tes explications et **réagis** aux propos de tes interlocuteurs(trices) en exprimant ton **point de vue**.

In my opinion, the outback is a dangerous place for tourists.

- N'oublie pas de t'appuyer sur des **exemples**.

For example, the world's most venomous spider lives in the outback.

- Exprime ton **accord** ou ton **désaccord**.

I agree with you, being stranded in the outback is very dangerous. • I don't agree with what you said because you can survive if you prepare properly before visiting the outback.

- **Concède** certains points pour mieux affirmer ta position.

Yes, I suppose so, however…

Posture

- **Regarde** tes interlocuteurs(trices) et parle **clairement**.
- Écoute la personne qui parle sans lui couper la parole et reste **courtois(e)**.

HOW to shine in... SPEAKING

Prendre la parole en anglais demande confiance en soi et entraînement. Voici des stratégies à adopter pour une prise de parole réussie !

As a walking-tour guide, present the history of the ghost town of your choice in one or two minutes.

▲ *File* 10

STEP 1
Comprendre le sujet

Bien **lire** la consigne et repérer les **mots-clés** qui aident à comprendre précisément ce qui est attendu :

- **la personne qui parle** : quel rôle prend la personne qui parle et à qui s'adresse-t-elle ?
- **la nature de la tâche** : est-ce un discours ? une vidéo ? une présentation ? etc.
- **le contenu du message oral** : s'agit-il de donner son avis ? de raconter une histoire ? d'expliquer quelque chose ? etc.
- **la durée de la présentation** : combien de temps doit durer la prise de parole ?

➔ Ici, un guide touristique présente en une ou deux minutes l'histoire d'une ville fantôme à des visiteurs.

STEP 2
Rassembler ses idées et ses outils

Récapituler ce qui a été étudié dans l'unité (contenus **culturels** et **grammaticaux**) et qui pourra être utile à la réalisation de la tâche. Par exemple, pour le sujet ci-dessus :

– le prétérit pour situer des actions dans le passé ;

– les marqueurs de temps du passé (dates, adverbes, expressions) pour donner des précisions ;

– le vocabulaire essentiel pour parler de ce thème (voir *wordmap* p. 108).

STEP 3
Organiser sa prise de parole

Préparer un **plan précis mais simple** à retenir, sous forme de notes.

⚠ Prendre l'habitude de ne pas tout rédiger, sinon la tentation de tout lire sera trop grande. Noter simplement quelques mots ou débuts de phrases.

1. Présenter le sujet	2. Répondre au sujet	3. Terminer l'intervention
= *expliquer brièvement ce dont on va parler*	= *exposer les idées et exemples permettant de répondre au sujet*	= *résumer en une ou deux phrase(s) claire(s) ce que l'on a dit.*
- Présenter la ville choisie : donner son **nom**, dire **où** elle se situe.	- Expliquer **quand** et **pourquoi** la ville s'est développée.	- Dire **pourquoi** la ville a fini par **décliner**.
- Expliquer **ce qu'est une ville fantôme**.	- Raconter les **événements** importants et donner leur **date**.	- **Expliquer** ce que les **touristes** peuvent voir ou visiter **aujourd'hui**.

STEP 4
Se lancer !

- Commencer avec des **phrases simples** pour être clair(e) et trouver son rythme.

Hello, and welcome to the town of … ! • … is a ghost town. A ghost town is a place where …

- Entrer ensuite dans le vif du sujet : donner des **informations historiques** en utilisant le **prétérit** et des **marqueurs de temps**.

Someone ***discovered*** *gold* ***in 1849*** *and … •* ***Two weeks*** *later, people* ***came*** *to find gold …*

- Bien rester dans le sujet et terminer par un mot sur **le tourisme aujourd'hui**.

Today*, people come to* ***see abandoned houses****… • You can* ***imagine the life*** *of a gold miner …*

STEP 5
Garder son public intéressé

- Ne parler **ni trop vite ni trop lentement** et **respecter la durée** demandée.
- Éviter de lire ses notes pour garder **une présentation naturelle et fluide**.
- Penser aux ***gap-fillers*** : *um, well, let me think, I mean …* et éviter le français !

Your turn to shine!

À toi de jouer ! Suis les étapes indiquées pour prendre la parole sur le sujet demandé.

As a ranger of the town of Bodie, you create a one-minute video to stop people from stealing objects to keep them as souvenirs. Explain why ghost towns are important and why tourists should keep them intact.

▲ An abandoned cart in Bodie, California.

STEP 1

▶ Lis le sujet et repère les mots-clés dans la consigne.
– Quel **rôle** dois-tu jouer ? De **quoi** vas-tu parler ? À **qui** ?
– Quel **format** doit prendre ton intervention (forme, durée) ?
– Quel est son **objectif** ?

STEP 2

▶ **Rassemble des informations** sur Bodie, ainsi que sur le problème. Tu peux relire les activités réalisées dans le chapitre 10 et aller sur le site *http://www.parks.ca.gov/Bodie*.

▶ **Fais une liste d'expressions** ou de mots qui te permettront d'alerter les touristes sur le problème évoqué. Tu peux le faire sous forme de nuage de mots :

heritage **steal** **history** remember **culture** gold rush souvenir **tourism** life in the past decline **visit** **respect** belong to pick up **leave** be forbidden be allowed

▶ **Revois également le vocabulaire** qui te permettra d'organiser ta présentation.

STEP 3

Fais un **plan rapide** avant de prendre la parole.

1. Présente le sujet
- La ville de Bodie, et le problème causé par les touristes qui volent des objets pour en faire des souvenirs.

2. Expose les enjeux
- Pourquoi la ville de Bodie illustre une partie de l'histoire américaine.
- La nécessité de garder un lieu historique intact pour les générations futures.

3. Termine ton discours
- Résumé du problème.
- Remerciements.

STEP 4

▶ **Salue** ton auditoire, **présente-toi** puis annonce ton **sujet** : *Hello everyone! My name is … and I am a ranger from the ghost town of Bodie. I'm here to talk to you about…*

▶ **Explique le problème** et souligne la nécessité d'agir : *Bodie's history is important • The tourists must respect… • People must stop stealing… • It's forbidden to take objects…*

▶ N'oublie pas de **conclure** et de **remercier** : *We have to protect… Thank you for your attention.*

STEP 5

▶ Pour parler de façon naturelle et convaincante, **regarde les personnes à qui tu parles** et évite de lire ton brouillon. Tu peux jeter un coup d'œil à tes notes de temps en temps, mais ne lis surtout pas un texte rédigé entièrement à l'avance.

▶ Emploie un **ton déterminé et positif.** Donne envie à ton auditoire (les touristes !) de t'écouter et de te suivre dans la visite de Bodie !

Le groupe nominal

Pour construire une phrase, tu as besoin de noms. Tu peux ajouter des éléments pour donner des indications ou des précisions sur ces noms.

Le nom

→ Il peut être **dénombrable** ou **indénombrable**.
a cake — *butter*

→ S'il est **dénombrable**, il peut être au **singulier** ou au **pluriel**.
a cake — *cakes*

Pour former un **pluriel**, on ajoute un **-s** à la fin du mot, sauf pour les exceptions : *bus**es**, match**es**, part**ies**, wol**ves**, fish, m**e**n, wom**e**n, child**ren**, f**ee**t, t**ee**th…*

→ Il peut être **simple** ou **composé**.
cookie — *ice cream*

This | cupcake | looks | so | yummy! | Is it | yours?

Les articles et les démonstratifs

Ils **précèdent** le nom pour apporter une information supplémentaire.

→ On emploie **l'article indéfini *a*** (ou ***an*** devant un son voyelle) pour désigner **un élément isolé**.

- ***a** banana / **an** apple*

→ On n'utilise **pas d'article (Ø)** pour désigner **plusieurs éléments indéfinis**.

- *They like **Ø** desserts in the USA.*

→ On emploie ***the*** pour parler d'un élément ou de plusieurs éléments spécifiques dont on a déjà parlé.

- ***The** cake she designed is for Liam's birthday.*

→ Pour désigner une **généralité**, on n'utilise **pas d'article** (**Ø**).

- *He likes **Ø** music and **Ø** baking!*

→ Lorsque tu veux être très **précis** pour désigner quelque chose, tu peux utiliser un **démonstratif**.

- ***this** friend → **these** friends* (proximité)
- ***that** time → **those** times* (éloignement)

La possession

Pour exprimer une **relation** entre deux éléments, on utilise :

→ Des **adjectifs possessifs** devant un nom : *my, your, his/her/its, our, your, their* ou des **pronoms possessifs** : *mine, yours, his, hers, its, ours, yours, theirs*.

→ Le **génitif** : *Liam**'s** cake*
possesseur ┘ └ ce qui est possédé

- *the graduate**'s** cake* (singulier)
le gâteau du (de la) diplômé(e)
- *the graduates**'** cake* (pluriel)
le gâteau des diplômé(e)s

→ La **structure avec *of*** = *the top of the cake*. La structure en ***of*** existe mais est moins utilisée en anglais que la structure équivalente en français *le dessus du gâteau*. ***Top*** est mis en avant par rapport à ***cake*** dans l'expression *the top of the cake*.

Les adjectifs

- Ils donnent une **indication sur le nom**.
- Ils sont **invariables**.
- Ils peuvent être **simples** ou **composés**.
  fresh *vanilla-flavoured*
- Lorsqu'ils sont associés à un nom, ils se placent toujours **devant le nom** selon la règle **TAFCOM** : **T**aille – **Â**ge – **F**orme – **C**ouleur – **O**rigine – **M**atière
- Ils sont utilisés dans le **comparatif** et le **superlatif** :

	Comparatif	Superlatif	
adjectif court	*less fresh than…* (moins frais que…) *as fresh as…* (aussi frais que…) *fresher than…* (plus frais que…)	*the least fresh dessert* (le dessert le moins frais) *the freshest dessert* (le dessert le plus frais)	adjectif court
adjectif long	*more festive than…* (plus festif que…)	*the most festive dessert* (le dessert le plus festif)	adjectif long

Les degrés

Pour exprimer le **degré**, on utilise :

- Des **adverbes** qui servent à nuancer les adjectifs (***very** good*, ***so** interesting*) et les noms (***such** a perfect cheesecake*).
- Des **quantifieurs** avec des noms :

	Noms indénombrables	Noms dénombrables
Quantité nulle	*no money*	*no cups*
Petite quantité	*little milk* (peu) *a little milk* (un peu) *not much milk* (pas beaucoup)	*few eggs* (peu) *a few eggs* (un peu) *not many eggs* (pas beaucoup)
Quantité incertaine	*some work* *any work*	*some/several days* *any day*
Grande quantité	*a lot of water*	*many biscuits* *a lot of biscuits*

Train and memorise!

Ma fabrique de noms

Crée des groupes nominaux pour décrire cette scène en utilisant des articles, des démonstratifs, des quantifieurs, des adjectifs, des noms…

▲ At the pastry shop.

Je m'entraîne :
SNAPFILE 3 p. 36 • **FILE 6** p. 67 • **FILE 8** p. 87

HOW *to shine in...* GRAMMAR

Le groupe verbal

Pour construire une phrase, tu as besoin de verbes que tu vas modifier pour rendre compte des actions.

La base verbale, l'infinitif et le gérondif

→ La **base verbale** est la forme la plus simple du verbe.
- *protect* • *adapt* • *save*

Elle s'utilise après les **modaux et les verbes *help*, *let* ou *make***.
- *She must **see** this beautiful landscape!*
- *He helped the rangers **protect** the giraffes.*

→ **L'infinitif** est la base verbale précédée de ***to***.
Elle s'utilise après **les verbes de volonté** : ***expect***, ***want***, ***would like***, ***ask***...
- *He would like **to rescue** endangered animals.*

→ Le **gérondif** est la base verbale suivie de ***-ing***.
Il s'utilise après les expressions ***prefer, don't mind, look forward to, like...***
- *I like **surfing**, but today I prefer **visiting** a sanctuary for grey parrots.*

What animals can you expect to see on safari in South Africa? Well, a huge range, honestly. Seeing the Big Five is the ultimate safari challenge.

Les énoncés affirmatifs

→ Ils suivent l'ordre : **Sujet Verbe Complément**
- *The park rangers saved a rhino*.

→ On peut utiliser l'auxiliaire ***do*** (***did*** au prétérit) pour donner du poids à ce que l'on dit.
- *I **do** like this bird!* (J'aime vraiment cet oiseau!)

Les énoncés exclamatifs

Ils se forment :

→ avec ***what*** + groupe nominal (introduit par ***a/an*** au singulier).
- ***What a** cute penguin!*
- ***What** funny animals!*

→ avec ***how*** + adjectif.
- ***How** beautiful this beach is!*

La négation

→ Les énoncés négatifs se forment grâce à un **auxiliaire**. C'est sur cet auxiliaire que porte la négation.
- *I **don't** want to go on safari.*
- *She **did not** go to the Drakensberg.*
- *I **am not** leaving now!*

→ On peut utiliser des mots comme ***no***, ***nobody***, ***nothing*** ou ***never***. Le verbe est à la forme affirmative.
- *They saw **no** animals.*
- *I **never** went there.*
- *She met **no one** there.*

→ On peut garder la négation en utilisant ***any*** et ses composés.
- *They **did not** see **any** animals.*
- *I **didn't** meet **anyone**.*

Les questions

Il y a plusieurs types de questions :

→ Les questions **fermées** ou ***yes-no questions*** : elles appellent une réponse commençant par oui ou non. Elles se construisent selon le schéma : **Auxiliaire Sujet Verbe Complément**
• *Do you **know** World Elephant Day?*

→ Les questions **ouvertes** ou ***wh- questions*** : elles demandent une information et sont introduites par un **pronom interrogatif**.
• ***What*** = nature d'un objet : ***What** do you like?* • ***What campaign** do you organise?*
• ***Which*** = quel(le) ? ***Which animal** is protected?*
• ***Who*** = identité d'une personne : ***Who** is this activist?*
• ***Whose*** = identité du possesseur : ***Whose car** is it?*
• ***Where*** = lieu : ***Where** is this national park?*
• ***When*** = date, heure : ***When** do you want to go there?*
• ***Why*** = cause : ***Why** did they raise funds?*
• ***How*** = manière : ***How** did they travel?*
ou associé à un adjectif pour une demande de renseignement : ***How much** is it?* (prix)
***How long** have you been in South Africa?* (durée)
***How often** do you go back home?* (fréquence)

Les adverbes

→ Pour qualifier, intensifier ou nuancer une action, on peut utiliser des **adverbes**. Leur position dans la phrase peut varier.

Adverbes	Position dans la phrase
Lieu : *here, there…*	Généralement en fin d'énoncé : *The reserve is **nearby**.*
Temps : *yesterday, now, today, soon…*	Début ou fin d'énoncé : *They will celebrate it **tomorrow**.*
Fréquence : *never, sometimes, often, always…*	Généralement entre le sujet et le verbe : *I **rarely** travel to foreign countries.*
Degré : *so, too, almost, enough…*	Avant l'adjectif sauf *enough* : *This national park is **very** busy but it's big **enough**.*
Manière : *quickly slowly, beautifully…*	Généralement après le verbe : *They are walking **slowly**.*

La voix passive

→ Pour attirer l'attention sur **l'objet** ou **la victime de l'action**, on peut utiliser la voix passive.

→ La voix passive se forme grâce à l'auxiliaire ***be*** (conjugué au temps voulu) et au **verbe au participe passé**. Lorsque l'agent (l'auteur de l'action) est mentionné, il est introduit par la préposition ***by***.

Voix active	Voix passive
*WWF **organises** a fundraising campaign.*	*A fundraising campaign **is organised by** WWF.*
*WWF is **organising** a fundraising campaign.*	*A fundraising campaign **is being organised**.*
*WWF **organised** a fundraising campaign.*	*A fundraising campaign **was organised**.*
*WWF **has organised** a fundraising campaign.*	*A fundraising campaign **has been organised**.*
*WWF **will organise** a fundraising campaign.*	*A fundraising campaign **will be organised**.*

Train and memorise!

Ma fabrique de phrases

Fabrique le plus de phrases possibles pour parler de cette situation.

◀ Jackass penguins at Boulder Beach in South Africa.

Je m'entraîne :
FILE 2 p. 27 • **FILE 4** p. 47 • **FILE 10** p. 107

Les temps

Pour construire une phrase ou un paragraphe, tu as besoin de décrire des actions au moyen de verbes. Tu conjugueras les verbes au temps qui convient.

Le présent simple

- Il se forme avec la **base verbale** à laquelle on ajoute un ***-s*** à la 3e personne du singulier.
  - *I **enjoy** street art.*
  - *He **enjoys** street art.*
- Pour former une **question** ou un énoncé **négatif**, on utilise l'auxiliaire ***do***, ou l'auxiliaire ***does*** à la 3e personne du singulier.
  - *What **do** you **draw**?*
  - *What **does** he **draw**?*
  - *I **don't play** an instrument.*
  - *He **does not play** an instrument.*
- Il est employé pour **caractériser** quelqu'un ou quelque chose, ou pour évoquer une **habitude**.
  - *Haz **lives** in Bristol.*
  - *He **loves** drawing.*
  - *He **takes** art classes every week.*

Le *present perfect*

- Il se forme avec l'auxiliaire ***have* au présent** et le **participe passé** du verbe.
  - *He **has lived** in Bristol since 2002.*
- Pour former une **question**, ***have*** conjugué au **présent** est placé avant le sujet.
  - *What **have** you **visited**?*
- Pour former un énoncé **négatif**, on ajoute ***not*** à l'auxiliaire.
  - *They **have not seen** the guide yet!*
- Il fait le **bilan** d'une situation **passée** ou évoque les **résultats présents** d'une action **passée**.
  - *The city **has changed** over the years.*

L'impératif

- Aux **2e personnes** du **singulier** et du **pluriel**, il se forme avec la **base verbale**.
  - ***Look**! He's an artist!* • ***Listen** carefully!*
- À la forme **négative**, on ajoute ***don't*** devant le verbe.
  - ***Don't be** afraid!*
- À la **1re personne du pluriel**, le verbe est précédé de ***Let's***.
  - ***Let's listen** to her!*
- À la forme **négative**, on ajoute ***not*** à ***let's***.
  - ***Let's not forget** what she did!*
- On utilise l'impératif pour donner un **ordre** ou une **consigne**.

Le présent en *be* + V-*ing* et le prétérit en *be* + V-*ing*

- On utilise l'auxiliaire ***be* au présent** ou au **prétérit + V-*ing***.
  - *She **is watching** the latest Wallace and Gromit movie.* (présent)
  - *She **was watching** the latest Wallace and Gromit movie.* (passé)
- Pour former une **question**, on place ***be***, conjugué au présent ou au prétérit, avant le sujet.
  - *What **is** she **doing**?* (présent)
  - *What **was** she **doing**?* (passé)
- Pour former un énoncé **négatif**, on ajoute ***not*** à l'auxiliaire ***be*** conjugué au **présent** ou au **prétérit**.
  - *She **is not complaining** about her situation!* (présent)
  - *She **was not listening** to trip-hop music.* (passé)
- Il est utilisé pour insister sur le fait que l'action est ou était **en cours de déroulement**.
  - *Right now she **is watching** the latest Wallace and Gromit movie.* (présent)
  - *She **was watching** the latest Wallace and Gromit movie when he entered the room.* (passé)

Le prétérit simple

- Il se forme en ajoutant ***-ed*** à la base verbale. Les **verbes irréguliers** ont des formes particulières qu'il faut connaître par cœur (➜ p. 158-159).
  - *She **started** to create murals when she **was** a child.*
- Pour former une **question** ou un énoncé **négatif**, on utilise l'auxiliaire ***did***.
  - *What **did** you **visit**?*
  - *I **didn't know** Bristol very well.*
- Il est employé pour exprimer un **fait passé et terminé**. Il peut être associé à des repères temporels passés.
  - *In 2015, Aardman Animations **released** Shaun the Sheep.*

Le *past perfect* (ou *pluperfect*)

- Il se forme avec l'auxiliaire ***have*** au **prétérit** et le **participe passé** du verbe.
  - *She **had started** to draw before going to art classes.*
- Pour former une **question**, ***have*** conjugué au **prétérit** est placé avant le sujet.
  - *What **had** she **failed**?*
- Pour former un énoncé **négatif**, on ajoute ***not*** à l'auxiliaire.
  - *I **had not listened** to their music before the concert.*
- Il marque **l'antériorité** d'un fait par rapport à d'autres faits **passés**.
  - *They **had** never **been** to Bristol before attending the Upfest.*

I started my own street art style when I was aged nine. I enjoy drawing in sketchbooks at home and often create boards using POSCA pens. I have been to art classes and I am getting better at using cans. One day I will be more famous than Banksy!

L'expression du futur ou du conditionnel

En anglais le futur n'est **pas un temps**. Il peut être exprimé :

- Avec le modal ***will*** pour prédire l'avenir grâce à une **certitude personnelle**.
  - *She **will** become an artist!*
- Avec ***be going to*** + BV pour prédire l'avenir grâce à des **critères objectifs**.
  - *Look at the band! They**'re going to** play!*
- Avec ***be about to*** + BV pour dire ce qui est **sur le point de se réaliser**.
  - *Hurry up! The concert **is about to** start!*
- Le conditionnel, ou **futur dans le passé** est exprimé grâce à ***would***.
  - *She said she **would** become an artist.*

Train and memorise!

Ma fabrique de phrases

Imagine un récit à partir de cette image. Utilise différents temps.

Je m'entraîne :

SNAPFILE 1 p. 16 • **FILE 2** p. 27 •
SNAPFILE 5 p. 56 • **FILE 6** p. 67 •
SNAPFILE 7 p. 76 • **FILE 8** p. 87 •
SNAPFILE 9 p. 96

◀ A street-art mural in Bristol.

Les modaux ou équivalents

Les verbes de ta phrase peuvent être modifiés en utilisant des modaux (ou équivalents des modaux) qui expriment des notions comme la capacité, l'obligation, la probabilité, etc.

Informations sur le sujet

La capacité

→ On utilise ***can*** + **BV** pour exprimer la **capacité** physique ou intellectuelle **au présent**.
• *He* ***can hike*** *in the heat.*

→ On emploie ***could*** + **BV** pour exprimer la **capacité** physique ou intellectuelle **au passé.**
• *She* ***could catch*** *snakes when she was ten.*

→ **L'incapacité** sera exprimée par ***cannot*** (***can't***) au présent ou ***could not*** (***couldn't***) + **BV** au passé.
• *He* ***cannot climb*** *the hill before noon.*
• *She* ***could not get*** *to the camp before the night.*

→ On utilise aussi l'expression ***be able to*** + **BV**, notamment **au futur.**
• *He* ***is able to survive*** *in the outback.*
• *She* ***was able to catch*** *snakes when she was ten.*
• *He* ***will be able to survive*** *in the outback.*

L'obligation, l'interdiction

→ On utilise ***must*** + **BV** pour exprimer **l'obligation**.
• *She* ***must prepare*** *her trip carefully to avoid problems.*

→ On emploie ***mustn't*** + **BV** pour exprimer **l'interdiction**.
• *He* ***mustn't go*** *there alone. It's too dangerous!*

→ **L'obligation** peut également être exprimée par **un équivalent *have to*** + **BV**, notamment **au futur.**
• *They will* ***have to help*** *him if he is in danger.*

→ Lorsque **l'obligation** est liée à une nécessité, on peut utiliser ***need to*** + **BV.**
• *He* ***needs to prepare*** *his first-aid kit before leaving.*

The young adventurers can survive in the outback. As the environment is very risky, they must take some food and water and a first-aid kit as there may be venomous snakes.

Le conseil

→ On utilise le modal ***should*** + **BV** pour **conseiller** quelqu'un.
• *You* ***should listen*** *to these survival tips before you leave.*

→ On emploie l'équivalent ***ought to*** + **BV** pour exprimer un **devoir moral.**
• *He* ***ought to help*** *his friend.*

→ On utilise aussi l'expression ***If I were you, I would*** + **BV.**
• ***If I were you, I would*** *help my friend.*

La permission et la suggestion

→ On utilise ***may*** + **BV** pour demander la **permission**.
• ***May*** *I* ***touch*** *this animal?*

→ On peut utiliser ***might*** + **BV** pour suggérer.
• *You* ***might want*** *to ask Reedy first.*

Informations sur les probabilités de réalisation d'un fait

Les modaux de probabilité

→ Ces modaux indiquent **les chances, la probabilité** qu'un fait se réalise.

Certitude →	**must:** *They **must be** training for their hike in the outback.*
Possibilité logique →	**can:** *This **can happen** during the trip!*
Possibilité moindre →	**may:** *She **may join** us on this hike.*
Possibilité moindre →	**could:** *He **could** join us on the hike too.*
Probabilité restreinte →	**might:** *He **might want** to come with us too!*

Les adverbes de probabilité

→ La probabilité peut également s'exprimer grâce à des **adverbes** : *certainly, surely, probably, maybe, perhaps…*
- ***Maybe** it will rain today.*

Certitude →	*They are **certainly** training for their hike in the outback.*
Possibilité logique →	***Surely** this will happen during the trip!*
Possibilité moindre →	*She will **probably** join us on this hike.*
Probabilité restreinte →	***Maybe/Perhaps** he wants to come with us too!*

La probabilité au passé

→ Pour exprimer une probabilité d'un fait passé, on peut utiliser un **modal de probabilité** + ***have*** + **participe passé**.
- *He **may have climbed** Uluru before 2019.*
= ***Perhaps** he climbed Uluru before 2019.*

Train and memorise!

Ma fabrique de phrases

Exprime des hypothèses pour évoquer ces deux situations.

◀ In the Australian outback.

Je m'entraîne :
SNAPFILE 9 p. 96 • **SNAPFILE 11** p. 116

La phrase complexe

Pour construire un paragraphe, tu as besoin de lier des idées entre elles. Pour cela, tu peux utiliser des phrases complexes.

Les propositions relatives

→ Les **propositions relatives** sont introduites par un **pronom relatif** qui a pour antécédent un **groupe nominal** ou une **proposition**. Elles permettent d'éviter une répétition.

Groupe nominal :
• *The Titanic was a gigantic ship. The Titanic carried 2,208 passengers.*
→ *The Titanic was a gigantic ship, which carried 2,208 passengers.*
• *Belfast is a Northern Irish city. In Belfast, the Titanic was built.*
→ *Belfast is the Northern Irish city where the Titanic was built.*

Proposition :
• *Third-class passenger Annie Kate Kelly survived, which was a miracle.*

→ Les **pronoms relatifs** :

Fonction du pronom relatif	Antécédent humain	Antécédent non-humain	Antécédent exprimant le lieu, le temps, la cause
Sujet	***who*** • *The naval architect **who** designed the Titanic is Thomas Andrews.*	***which*** • *Titanic, **which** was released in 1997, is my favourite film.*	
Complément	***Ø, that*** • *Thomas Andrews is the man **that** she met on the Titanic.*	***Ø, which, that*** • *The film **that** she watched last night is Titanic.*	***where, when, why*** • *The country **where**…* • *The time **when**…* • *The reason **why**…*

Les mots de liaison

→ Les mots de liaison permettent de **relier deux éléments**.
• *She wanted to go back to the USA, **and / that's why / so** she booked a trip on the Titanic.*

→ Les mots de liaison expriment différents sens :
Le temps : *then, afterwards…*
L'opposition : *but…*
La concession : *however…*
L'addition : *and, moreover, also…*
La précision : *indeed, in fact, actually…*
La conséquence : *so, that's why…*
La cause : *for…*

Molly Brown was an American human-rights activist who survived the sinking of the RMS Titanic. While travelling in Europe, Brown learnt that her grandson was ill, and subsequently booked a trip back to the United States on the RMS Titanic, famously surviving the ship's sinking.

Les propositions subordonnées

→ La **proposition principale** et la **proposition subordonnée** sont reliées entre elles par une **conjonction de subordination**.
Le sens dépend de la conjonction :

→ **La condition :** *if* (si)
• ***If** we go to Belfast, we will visit the Titanic museum.*

→ **Le temps :** *when* (quand), *while* (pendant que), *as soon as* (dès que), *until* (jusqu'à)
• *She will read a book about the Titanic **when** she gets home.*

→ **La cause :** *because*
• *Lots of people died **because** there were not enough lifeboats.*

→ **Le but :** *to, in order to, so as to*
• *They emigrated from Ireland **in order to** begin a new life in America.*

→ **L'opposition :** *while, whereas* (alors que)
• *They both loved the film: he liked the romantic scenes **while** his sister enjoyed the special effects.*

Les discours direct et indirect

LE DISCOURS DIRECT

→ Une personne rapporte directement la parole de quelqu'un en utilisant des **guillemets**.
- ***She said,*** *"I booked a trip back to the USA on the RMS Titanic."*

LE DISCOURS INDIRECT

→ Une personne rapporte les paroles de quelqu'un en **faisant des modifications.**
- ***She said that*** *she had booked a trip back to the USA on the RMS Titanic.*

→ Quand le verbe introducteur est **au présent**, les changements affectent seulement la **ponctuation** (disparition des guillemets, du point d'interrogation), les **pronoms**, les **possessifs**, **l'ordre des mots** et parfois l'ajout de ***that*** (affirmation) ou de ***if*** (question fermée).
- *She says, "I've watched* Titanic *several times."*

→ *She says (**that**) **she** has watched* Titanic *several times.*
- *He asks his daughter, "Did you like your trip to Belfast?"*

→ *He asks his daughter **if she** liked **her** trip to Belfast.*

→ Quand le verbe introducteur est **au prétérit**, les changements affectent aussi **les temps, les démonstratifs** et **les repères de temps ou de lieu.**
- *She said, "I **visited** the Titanic museum **yesterday**."*

→ *She said that she **had visited** the Titanic museum **the day before**.*

Changements :

Discours direct	Discours indirect passé
présent simple / en *be + ing*	prétérit simple / en *be + ing*
prétérit simple / en *be + ing*	*past perfect* / en *be + ing*
present perfect	*past perfect*
will	*would*
can	*could*
here	*there*
yesterday / tomorrow	*the day before / the day after*

Verbes introducteurs :
say to somebody, tell somebody, ask somebody, answer, reply…

Train and memorise!

Ma fabrique de phrases

Fabrique le plus de phrases complexes possibles pour parler cette situation.

▲ The Titanic leaving for New York in 1912.

Je m'entraîne :
FILE 4 p. 47 • **FILE 6** p. 67 • **FILE 10** p. 107

Les sons

Voici les symboles phonétiques de l'anglais.

Il existe des sons longs et des sons courts en anglais. Les sons longs sont signalés par les deux points **:**
Prononce bien les voyelles courtes et les voyelles longues, sinon le sens du mot n'est pas le même !

Les consonnes sont plus « explosives » en anglais qu'en français. Mais certaines peuvent être muettes : *climb, doubt, subtle, muscle, handkerchief, Wednesday…*

VOYELLES
Audio

/æ/	hat	/hæt/
/ɑː/	car	/kɑː/
/ə/	ago	/əˈgəʊ/
/e/	bed	/bed/
/iː/	sea	/siː/
/ɪ/	fill	/fɪl/
/ɒ/	not	/nɒt/
/ɔː/	door	/dɔː/
/ʊ/	put	/pʊt/
/uː/	moon	/muːn/
/ʌ/	sun	/sʌn/
/ɜː/	burn	/bɜːn/

= 2 sons voyelles à la suite !

DIPHTONGUES
Audio

/eɪ/	page	/peɪdʒ/
/aɪ/	five	/faɪv/
/ɔɪ/	boy	/bɔɪ/
/əʊ/	no	/nəʊ/
/aʊ/	now	/naʊ/
/ɪə/	hear	/hɪə/
/eə/	hair	/heə/
/ʊə/	sure	/ʃʊə/

= 3 sons voyelles à la suite !

TRIPHTONGUES
Audio

/aɪə/	fire	/faɪə/
/eɪə/	player	/ˈpleɪə/
/ɔɪə/	royal	/ˈrɔɪəl/
/aʊə/	flower	/ˈflaʊə/
/əʊə/	lower	/ˈləʊə/

CONSONNES
Audio

/p/	peace	/piːs/
/b/	bug	/bʌg/
/t/	tea	/tiː/
/d/	doll	/dɒl/
/k/	colour	/ˈkʌlə/
/g/	great	/greɪt//
/m/	machine	/məˈʃiːn/
/n/	new	/njuː/
/ŋ/	song	/sɒŋ/
/f/	fool	/fuːl/
/v/	village	/ˈvɪlɪdʒ/
/θ/	thin	/θɪn/
/ð/	there	/ðeə/
/s/	son	/sʌn/
/z/	zero	/ˈzɪərəʊ/
/ʃ/	shop	/ʃɒp/
/tʃ/	change	/tʃeɪndʒ/
/ʒ/	leisure	/ˈleʒə/
/dʒ/	journalist	/ˈdʒɜːnəlɪst/
/r/	root	/ruːt/
/h/	hello	/heˈləʊ/
/w/	well	/wel/
/j/	yellow	/ˈjeləʊ/
/l/	lie	/laɪ/

Consonnes sonores : /b/ /d/ /g/ /v/ /ð/ /z/ /ʒ/ /dʒ/ /w/ /m/ /n/ /ŋ/ /r/ /j/ /l/

Consonnes sourdes : /p/ /t/ /k/ /f/ /θ/ /s/ /ʃ/ /tʃ/ /h/

Évite le piège du **<th>** : jamais /s/ ni /z/, mais toujours la langue contre les dents… Avec un peu d'entraînement, c'est facile !

Prononce le **<h>** au début des mots sauf dans *honour, hour, honest*.

ACCENT DE MOT
Audio

Accent principal : /ˈ/ → /ɪkˈstrɔːdɪnri/ **extraordinary**
Accent secondaire : /ˌ/ → /ˌɪntəˈfɪə/ **interfere**

Your turn to shine!

Tu penses que tu ne sais pas prononcer correctement ? Suis ces conseils pour t'entraîner et tu verras, ce n'est pas si difficile !

STEP 1

Pour bien prononcer l'anglais, il est utile d'apprendre les **symboles phonétiques**. Observe-les p. 156 et entraîne-toi à les **répéter** en écoutant les audios.

STEP 2

Anticipe la prononciation des mots que tu rencontres ! Il y a quelques règles pour deviner la prononciation des sons voyelles notamment.

- Par exemple, le **<i>** dans *write* se prononce /ai/ alors que dans *written* il se prononce /ɪ/. Pourquoi ? Car dans *written*, le **<i>** est suivi de deux consonnes, ce qui l'empêche de diphtonguer ! Alors que dans *write*, **<i>** est suivi d'une consonne et du **<e>** final.
- La lettre **<a>** se prononce /ɑː/ lorsqu'elle est suivie d'un **<r>** sans lettre après elle comme dans *car*, *bar*, *far*… Lorsqu'elle est suivie d'un **<r>** puis d'un **<e>** comme dans *care*, *bare*, *fare*, elle diphtongue.
- Tu peux repérer les combinaisons de lettres qui reviennent souvent, comme les lettres **<ower>** qui se prononcent presque toujours /aʊə/ comme dans *flower*, *power*, *tower*… (mais pas dans *lower* /'ləʊə/ dont le radical est *low* !).

STEP 3

N'aie pas peur de te lancer ! **Entraîne-toi devant un miroir** à prononcer des mots et regarde les **mouvements** que font ta bouche et tes lèvres. Exagère ces mouvements et garde-les en mémoire lorsque tu t'exprimes en anglais.

Train and memorise!

1 Anticipe la prononciation des lettres en rouge, puis écoute et classe les mots en fonction de leur prononciation. Audio

/ɪ/	/ɪə/	/iː/	/aɪ/

really • volunteer • frightened • mine • listen • year • free • fiction • series • read • teenager • ice cream

2 Recopie les mots et entoure d'une même couleur ceux dont les lettres en rouge ont la même prononciation, puis écoute pour vérifier. Audio

hurt • railway • movie • laugh • between • plant • first • police • proof • season • famous • true • great • work • class

3 Écoute et identifie le mot qui est prononcé dans chacune des ces paires minimales. Audio

a. cheap • chip
b. sheep • ship
c. chair • share
d. boat • bought
e. leave • live
f. sail • sell

Attention à la prononciation, cela peut changer le sens ! Observe bien les premiers mots. Une frite (*chip*) n'est pas un bateau (*ship*) ! ☺

Répète ce *tongue-twister* de plus en plus vite : *I bought cheap chips in the shop on the ship.* Audio

L'accent tonique

Les mots en anglais sont accentués sur une syllabe en particulier. On appelle cela l'accent tonique.

Les spécificités de l'accent tonique

Audio

→ La syllabe accentuée en anglais **varie selon les mots**.
• *uniform* • *Internet* • *computer* • *education*

→ Quand tu apprends un mot, **mémorise aussi son accent**. L'accent tonique est très important car le déplacer peut **changer le sens** du mot !
desert /ˈdezət/ (desert) ≠ *desert* /dɪˈzɜːt/ (deserter)

→ Les **suffixes, préfixes**, le **nombre de syllabes** et parfois même la **nature** du mot peuvent avoir un impact sur le placement de l'accent tonique.

→ L'accent tonique est marqué par un **accent vertical** /ˈ/ dans les dictionnaires. Écoute les audios pour savoir où placer l'accent dans les mots des *wordmaps*. Tu peux aussi utiliser des **dictionnaires en ligne** tels que dictionary.cambridge.org/fr/dictionnaire/anglais/ pour écouter le mot et repérer l'accent tonique !

Les noms et les verbes

Audio

→ L'accent tonique dans les **noms** de deux syllabes se place généralement sur la première syllabe alors que les **verbes** sont accentués sur la dernière syllabe.
• *record* (nom : disque) ≠ *record* (verbe : enregistrer)
• *object* (nom : objet) ≠ *object* (verbe : objecter, protester)
• *progress* (nom : progrès) ≠ *progress* (verbe : progresser)

→ Mais il peut y avoir des **exceptions** ! Par exemple :
• *comment* (nom : commentaire) = *comment* (verbe : commenter)
• *award* (nom : prix) = *award* (verbe : attribuer un prix)

Les mots dérivés

Audio

→ L'accent tonique porte en général sur la **première syllabe** du mot, mais lorsque l'on ajoute un **suffixe**, l'accent peut parfois se **déplacer**. Par exemple :
• *icon* → *iconic*
• *experiment* → *experimental*

→ Certains suffixes comme ***-ing***, ***-ly***, ***-hood***, ***-ness***, ***-ment***, ***-ship***, ***-less***, ***-ful***, etc. ne changent pas la position de l'accent. Par exemple :
• *happy* → *happiness*
• *extraordinary* → *extraordinarily*

Les mots composés

Audio

→ Dans les **noms composés**, l'accent tonique principal porte en général sur la syllabe accentuée du premier mot.
• *swimming pool*
• *bookshop*
• *coffee table*

→ L'accent tonique principal des **adjectifs composés** porte en général sur le deuxième mot.
• *homemade*
• *old-fashioned*
• *well known*

Train and memorise!

Audio

Lis les mots suivants et anticipe leur prononciation en repérant les suffixes par exemple. Écoute et répète ces mots en faisant attention au placement de l'accent tonique.

wildlife • bullying • awareness • lifeboat • worker • diversity • legendary • artistic

L'intonation des phrases

Puisque les mots sont accentués, cela produit un rythme particulier dans la phrase. La phrase elle-même est accentuée, créant une mélodie.

Les schémas intonatifs

Audio

L'anglais comporte plusieurs schémas intonatifs.

→ L'intonation **descendante** : la voix descend d'une note haute sur le premier accent de mot vers une note basse sur le dernier accent de mot.
• *She will become a volunteer.* ↘

→ L'intonation **ascendante** : la voix s'élève d'une note basse jusqu'à une note assez élevée sur le dernier mot accentué.
• *Will she become a volunteer?* ↗

→ L'intonation **descendante-ascendante** : la voix descend sur la partie la plus importante de la phrase et remonte sur la syllabe accentuée d'un mot qui la suit.
• *I think she will!* ↘↗

L'accentuation des mots

Audio

→ De manière générale, l'anglais accentue les mots **porteurs de sens**, c'est à dire les **verbes**, les **noms** et les **adjectifs**. Les mots grammaticaux sont peu accentués (déterminants, prépositions).
• *He loves **wildlife** and he wants to **save parrots**.*

→ On peut parfois **choisir** d'accentuer certains mots afin **d'attirer l'attention** de son interlocuteur/trice sur un mot en particulier. Le sens de la phrase diffère en fonction du mot accentué.
• ***They** won the Super Bowl.* → C'est **eux** qui ont gagné le Super Bowl (et pas une autre équipe).
• *They won the **Super Bowl**.* → C'est le **Super Bowl** qu'ils ont gagné (et pas un autre match).

Les questions

Audio

→ L'intonation des *yes/no questions* est ascendante.
• *Did you visit a ghost town?* ↗

→ Celle des questions en *wh-* en revanche est descendante.
• *When did they build the Titanic?* ↘

Les phrases exclamatives

→ En général, l'intonation des phrases exclamatives est **descendante**.
• *Come with me!* ↘

→ Mais elle est **montante** quand on veut marquer la surprise ou l'étonnement.
• *I can't believe it!* ↗

Audio

Les phrases déclaratives

→ En général, l'intonation des phrases déclaratives est **descendante**.
• *My classmates and I decided to fight bullying in our school.* ↘

→ Pour des phrases un peu longues, l'intonation **monte puis descend**.
• *By standing up to a bully* ↗ *you can make them stop and help all the victims.* ↘

Audio

Train and memorise!

1 Anticipe l'intonation de ces phrases, puis écoute, répète et vérifie. Audio

a. When was this Gold Rush town created?
b. Have you tasted the cheesecake?
c. Bigfoot can't be real!
d. She supports young people dealing with dyslexia and bullying.
e. This festival was amazing!

2 Anticipe quels mots sont accentués et inaccentués dans ces phrases, puis écoute et vérifie. Audio

a. *Frankenstein* is my favourite novel!
b. He designed a delicious cake to celebrate his sister's graduation.

3 Écoute ces phrases et explique leur sens en fonction du mot accentué. Audio

a. **She** rescued a rhino yesterday.
b. She rescued a **rhino** yesterday.
c. She rescued a rhino **yesterday**.

Comprendre le sens des mots

Lorsque tu lis un texte ou que tu écoutes un document audio, il est normal de ne pas connaître tous les mots. En revanche, il y a des méthodes pour en déduire le sens.

TIP 1

Sers-toi du **contexte** et de la **thématique** du document pour comprendre le sens global du mot.

• *This ghost town was abandoned a long time ago… The houses are broken and* ***weatherbeaten****.* → Avec le début de la phrase, tu comprends que la ville est délabrée, en mauvais état. *Weatherbeaten* est certainement en lien avec l'idée de délabrement.

TIP 2

Sers-toi de la **place** du mot dans la phrase afin de déterminer sa **catégorie grammaticale** : s'il est devant un nom, c'est un adjectif ; s'il vient après un pronom sujet, c'est un verbe.

• *They thought they saw a sasquatch, so they* ***investigated*** *to learn more.* → Ici, *investigate* suit *they*, qui est un pronom sujet: il y a donc de fortes chances pour que ce soit un verbe !

TIP 3

Décompose le mot : si tu connais son radical (sa racine) ou le sens du préfixe ou du suffixe, tu pourras utiliser ces éléments pour comprendre le mot.

• *This debate is* ***endless****!* → Tu reconnais le mot *end* et le suffixe *-less* qui indique le manque, l'idée de « sans ». *Endless* fait donc référence à quelque chose qui est sans fin, interminable.

TIP 4

Tu peux bien sûr **combiner les trois techniques** pour déduire le sens d'un mot inconnu.

• ***Disrespectful*** *behaviour will not be tolerated in the classroom.*

1. On parle de quelque chose de négatif qui n'est pas accepté en classe.
2. Le mot *disrespectful* est placé devant un nom, c'est donc un adjectif.
3. On peut décomposer le mot en trois parties : le préfixe *dis-* (idée d'opposition, de contraire), le radical *respect* et le suffixe *-ful* (« plein de »). On peut le traduire par « irrespectueux ».

Les préfixes et les suffixes

Les préfixes et les suffixes s'ajoutent au radical des mots pour former des mots dérivés. La **dérivation** permet de nuancer le sens du radical, en fonction du sens des préfixes et des suffixes choisis.

Préfixes

- Idée de contraire, d'opposé : ***un****happy* • ***im****possible* • ***ir****regular* • ***il****legal* • ***in****discreet* • ***dis****agree* • ***de****motivate*
- Idée d'élévation ≠ abaissement : ***up****stairs* ≠ ***down****stairs*
- Idée de surpassement : ***over****view* • ***out****live*
- Idée d'erreur : ***mis****understanding*
- Idée de répétition : ***re****build*

Suffixes

- Formation d'un nom abstrait : *child****hood*** • *happi****ness*** • *friend****ship*** • *capital****ism***
- Formation d'une catégorie de personnes : *employ****ee*** • *prison****er*** • *creat****or*** • *actr****ess***
- Formation d'un adjectif : *care****ful*** • *rain****y*** • *child****ish*** • *econom****ic*** • *magic****al***
- Idée de faisabilité : *understand****able***
- Idée de manque : *home****less***
- Formation d'un adverbe : *sincere****ly***

Train and memorise!

Entraine-toi à trouver le sens des mots dérivés du radical *friend*.

friendly • unfriendly • friendliness • friendship • unfriend

Your turn to shine!

À toi de jouer ! Lis ce texte et observe les mots surlignés. Suis les conseils pour deviner leur sens.

Is football truly British?

Football's **unwavering**[1] popularity in the UK has **lasted** for centuries. It may have something to do with the fact that the English invented the sport in 1170 and as any proud **Brit** will tell you, it is England's national sport!

The first football club to be **set up**[2] was Sheffield F.C. in 1857. [...]

Today, there are over 40,000 registered football clubs in England, almost **twice** as many as Brazil. Most of the biggest names are in the Premier League and these clubs command legions of supporters from around the world.

greatbritishmag.co.uk

▲ *File 4*, p. 41

Le mot étant placé avant le nom *popularity*, il doit s'agir d'un adjectif. Tu peux identifier le préfixe *un-* qui exprime l'idée du contraire, de l'opposé. Même si tu ne connais pas *waver* (« hésiter »), comme on dit que le football est un sport important en Angleterre, tu peux deviner que sa popularité « ne faiblit pas. »

La terminaison *-ed* et le fait que le mot suit l'auxiliaire *has* indiquent qu'il s'agit d'un verbe au *present perfect*. L'expression *for centuries* exprime la durée. Tu peux en déduire que le verbe *last* signifie « durer ».

L'expression suit le verbe *be* et se rapporte donc au sujet *the first football club*. La date et le nom du club donnent à penser que *set up* a un lien avec la création du club.

Le mot commence par une majuscule et il est précédé par un adjectif. Il s'agit donc d'un nom. Les mots *the English* et *England* évoquant le Royaume-Uni, tu peux deviner que *Brit* fait référence aux Britanniques.

Associé à *many* dans l'expression, le mot doit faire référence à une quantité. Tu peux identifier la ressemblance entre ***tw**ice* et ***tw**o*, comme entre ***on**ce* et ***on**e*.

Les mots composés

La langue anglaise contient de nombreux mots composés et elle permet d'en créer très facilement.

→ Ils s'écrivent en **deux mots** distincts, reliés par un **trait d'union** ou bien en **un seul mot**. Le premier mot donne **un renseignement**, **une précision** sur le second mot qui désigne **l'objet** ou **la personne** en question.
- *bedroom* : une pièce (*room*) où il y a un lit (*bed*) → une chambre
- *washing machine* : une machine pour laver → un lave-linge

→ Les possibilités d'associations de mots de **natures grammaticales différentes** sont multiples.
- *bookshop* (nom + nom) • *greenhouse* (adjectif + nom) • *haircut* (nom + verbe) • *swimming pool* (verbe + nom) • *grown-up* (adjectif + adverbe) • *overcome* (adverbe + verbe)

Train and memorise!

Entraine-toi à trouver le sens des mots composés.

grandson • snowman • armchair • driving licence • toothpaste • dining room

HOW to shine in... VOCABULARY

Mémoriser le lexique

Pour apprendre de nouveaux mots, tu peux utiliser les techniques suivantes.

MAKE IT EASY

- En utilisant des couleurs différentes, **note sur ton cahier** les mots à apprendre par cœur. Organise-les sous forme de **carte mentale** si cela t'aide et trouve ton propre **code couleur** pour repérer les noms, les adjectifs, les verbes, etc.

- Apprends chaque mot nouveau **en contexte**, c'est-à-dire intégré dans une phrase vue en cours. Tu retiendras mieux ce mot car tu l'associeras à la thématique de l'unité étudiée.

- Observe la **formation** du mot que tu veux retenir : par exemple, note que le mot *unhappily* contient le **radical** *happ(y)* ainsi que le **préfixe** *un-* qui indique le contraire et le **suffixe** *-ly* qui sert à former des adverbes.

- Associe des **images** aux mots que tu apprends. Tu peux par exemple dessiner des smileys pour symboliser les adjectifs de sentiments ou bien représenter un bateau à côté de *ship*.

- Pour être sûr(e) de te souvenir du mot, tu peux **l'écrire**, le **prononcer** à voix haute, le **mimer**… Lorsque tu auras besoin d'utiliser ce mot, tu le retrouveras plus facilement dans ta mémoire grâce au **geste** associé.

MAKE IT EFFICIENT

- Sois **régulier/ère** dans tes apprentissages : fixe-toi **cinq minutes dans la journée**, tous les jours, pour apprendre le vocabulaire. Mets un minuteur et de la musique douce si cela t'aide, et reste concentré(e) sur ton objectif d'apprentissage pendant ces cinq minutes.

- Apprends toujours la **prononciation** du mot en même temps que son **orthographe** car tu peux avoir besoin d'utiliser ce mot pour communiquer à l'écrit comme à l'oral ! Si besoin, utilise un dictionnaire en ligne ou l'appli **Nathan Live!** pour écouter la prononciation. La **phonétique** des mots difficiles est précisée dans les cartes mentales de vocabulaire de ton manuel.

MAKE IT FUN

- Lis les mots nouveaux **à voix haute** et **enregistre-toi** (à l'aide de ton téléphone si tu en as un). N'oublie pas **d'épeler** ces mots. Écoute ensuite cet enregistrement pendant que tu te prépares le matin, dans les transports…

- **Rappe** ou **chante** les mots nouveaux en accentuant la prononciation qui te pose problème. Quel rythme mettrais-tu sur cette phrase : *This creepy creature is so spooky!* ?

- Crée un **jeu de cartes** : prépare des fiches recto-verso avec un dessin sur une face et le mot écrit sur l'autre face. Joue ensuite seul(e) ou à plusieurs, en inventant tes propres règles !

- Avant un test, **réécris les mots nouveaux** sur des post-it et colle-les un peu partout dans ta chambre pour réviser sans t'en rendre compte ! *Take action* sur le placard, *get involved* sur le miroir, *campaign* sur la lampe de bureau… Ces mots rentreront tout seuls dans ta mémoire !

Your turn to shine!

À toi de jouer ! Entraîne-toi à apprendre quelques mots figurant sur la carte mentale du *Snapfile* 1 page 17, qui répertorie le vocabulaire lié à l'amitié, la personnalité, l'école et les réseaux sociaux.

MAKE IT EASY

▶ Commence par **lire** les mots et **note** sur un cahier de brouillon ceux qui te posent problème à cause de l'orthographe ou du sens. Pense à utiliser un **code couleur**. Tu peux utiliser la **carte mentale vierge** à compléter dans ton *workbook* pour les *Files*, et sur le site compagnon pour les *Snapfiles*.

▶ Tu peux apprendre les mots dans une **phrase** extraite d'un document de l'unité, par exemple : *Her videos giving **advice** about **confidence** are a stark contrast to her real life*.

▶ Réfléchis à la **formation** des mots. Observe par exemple *unsure*, *insecure*, *fearful* : comment peux-tu les découper ?

▶ Aide-toi des **dessins** pour te souvenir des mots. Tu peux en dessiner d'autres.

▶ **Recopie** et/ou **répète** les mots plusieurs fois en faisant des gestes : par exemple, tu peux mimer *laugh*, *disappointed*, *scared*, *shy*.

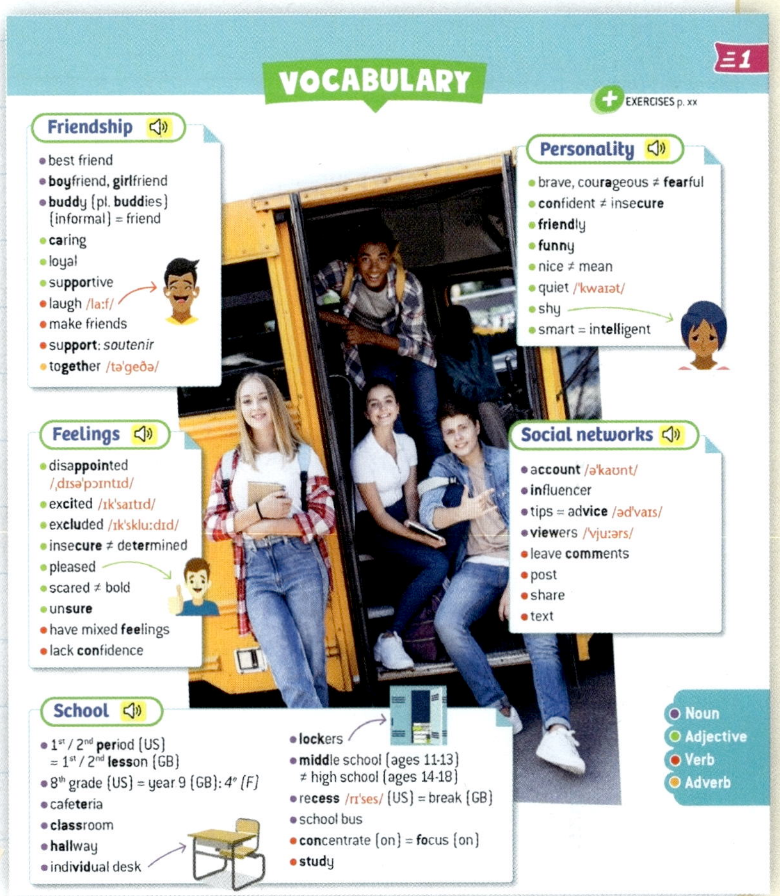

VOCABULARY

1

EXERCISES p. xx

Friendship
- best friend
- **boy**friend, **girl**friend
- **budd**y (pl. **budd**ies) (informal) = friend
- **ca**ring
- loyal
- sup**por**tive
- laugh /lɑːf/
- make friends
- sup**port**: *soutenir*
- to**geth**er /təˈgeðə/

Personality
- brave, cou**ra**geous ≠ **fear**ful
- **con**fident ≠ inse**cure**
- **friend**ly
- **funn**y
- nice ≠ mean
- quiet /ˈkwaɪət/
- shy
- smart = in**tell**igent

Feelings
- disap**poin**ted /ˌdɪsəˈpɔɪntɪd/
- ex**ci**ted /ɪkˈsaɪtɪd/
- ex**clu**ded /ɪkˈskluːdɪd/
- inse**cure** ≠ de**ter**mined
- pleased
- scared ≠ bold
- un**sure**
- have mixed **fee**lings
- lack **con**fidence

Social networks
- **ac**count /əˈkaʊnt/
- **in**fluencer
- tips = ad**vice** /ədˈvaɪs/
- **view**ers /ˈvjuːərs/
- leave **comm**ents
- post
- share
- text

School
- 1st / 2nd **per**iod (US) = 1st / 2nd **less**on (GB)
- 8th grade (US) = year 9 (GB): *4ᵉ (F)*
- cafe**te**ria
- **class**room
- **hall**way
- indi**vid**ual desk
- **lock**ers
- **midd**le school (ages 11-13) ≠ high school (ages 14-18)
- re**cess** /rɪˈses/ (US) = break (GB)
- school bus
- **con**centrate (on) = **fo**cus (on)
- **stud**y

Noun
Adjective
Verb
Adverb

MAKE IT EFFICIENT

▶ Choisis un moment de la journée où tu peux consacrer cinq minutes à l'étude du vocabulaire et fais-le **tous les jours**.

▶ N'oublie pas d'écouter **l'audio** des mots, surtout ceux qui te posent problème. Tu peux t'appuyer sur la phonétique indiquée en rouge pour les termes *excited*, *excluded*, *account*, *quiet*, *recess*, etc.

MAKE IT FUN

▶ Choisis un des conseils de l'encadré *Make it fun* p. 148 et mets-le en application. Utilise tes talents en **dessin**, **chant**, **théâtre** pour t'enregistrer, créer des cartes, chanter ces mots !

▶ Note les mots sur des **post-it** et colle-les dans ta chambre !

Train and memorise!

Maintenant, utilise les conseils donnés pour apprendre le vocabulaire du chapitre de ton choix !

HOW to shine in... VOCABULARY

Trouver le mot juste

Lorsque tu veux t'exprimer à l'écrit ou à l'oral, il te manque parfois le mot exact à utiliser pour dire ce que tu souhaites. Voici quelques techniques qui te permettront de trouver le mot juste !

TIP 1 — Les préfixes et les suffixes

Tu as vu p. 146 que les préfixes et les suffixes s'ajoutent au **radical** des mots pour former **des mots dérivés.**

care + *less* = *careless* (négligent, insouciant)
- **radical** (attention, soin)
- **suffixe** (idée de manque)

un + ***happy*** = *unhappy* (malheureux)
- **préfixe** (idée de contraire, d'opposé)
- **radical** (heureux)

friend + *ship* = *friendship* (amitié)
- **radical** (ami)
- **suffixe** (formation d'un nom)

final + *ly* = *finally* (finalement)
- **radical** (final)
- **suffixe** (formation d'un adverbe)

Le mot que tu recherches est peut-être le dérivé d'un radical que tu connais !

TIP 2 — Les mots composés

Tu as vu p. 147 que la langue anglaise permet très facilement la création de **mots composés**. Penses-y !

swimming pool (piscine)
- **information sur l'objet** (nage)
- **objet** (bassin)

policewoman (policière)
- **information sur la personne** (police)
- **personne** (femme)

TIP 3 — Les synonymes et les antonymes

Pour trouver le mot juste, tu peux réfléchir aux **synonymes** et aux **antonymes** (ou contraires) d'un mot. Dans ton cahier ou sur des fiches, crée des **boîtes de synonymes** qui peuvent être différents selon le contexte.

good	***bad***	***important***
great	*dreadful*	*paramount*
marvellous	*squalid*	*essential*
pleasant	*nasty*	*huge*
tasty	*poor*	*etc.*
adequate	*etc.*	
impressive		
etc.		

Tu peux aussi écrire **un mot et son antonyme** sur la même ligne. Utilise un **code couleur** pour noter sur tes fiches les mots nouveaux et leurs synonymes d'une couleur et leurs antonymes d'une autre.

big ≠ ***small • short • tiny***
enormous
huge
long
tall
fat

TIP 4 — Les collocations

Une **collocation** est la combinaison de deux ou plusieurs mots qui vont bien ensemble. Utiliser des collocations rendra ton anglais plus authentique.

tense	situation	large	number
do	my homework	have	dinner
save	time	make	a mistake
relevant	information	pretty	good
get	angry	make	friends

TIP 5 — Phrasal verbs

Les ***phrasal verbs***, ou verbes à particules, rendront aussi ton anglais plus authentique. Ce sont des verbes suivis d'une particule qui change le sens du verbe.

look up to = admire (admirer)
- **verbe** (regarder)
- **particule** (vers le haut)

Voici quelques exemples de *phrasal verbs* avec leur équivalent.

- *find out = discover*
- *put up with = tolerate*
- *look for = seek*
- *give up = abandon*
- *look down upon = despise*
- *fill out = complete*

Your turn to shine!

EXERCICE 1

▶ **Ajoute** des suffixes et préfixes à ces mots pour créer des mots dérivés.

need · happy · care · use · respect · help

EXERCICE 2

▶ **Associe** les mots afin de créer des mots composés. **Explique** le sens des mots ainsi créés.

room · bed · school · ship · yard · building · team · spirit · class · mate

EXERCICE 3

a. **Remplace** le mot en bleu par le synonyme approprié selon le contexte.

- This was a **good** film.
- This cake was very **good**.
- I have a **good** idea!
- My holidays were quite **bad**.
- It's **important** to understand the artist's message.
- Today is an **important** day for me!

b. **Trouve** le contraire de chaque mot.

hardworking	loud
friendly	dangerous
ugly	lazy
interesting	beautiful
safe	come
old	boring
quiet	slowly
true	new
long	nasty
dark	false
leave	light
rapidly	short

EXERCICE 4

▶ **Associe** les mots pour retrouver des collocations.

get	action
have	a bus
make	an exam
save	lunch
catch	money
take	energy
take	ready

EXERCICE 5

▶ **Associe** chaque *phrasal verb* à son synonyme.

look for	be careful
give up	search
cut down	choose
pick out	abandon
hang out	reduce
watch out	spend time

Exercise bank

Snapfile 1 School friends forever

GRAMMAR Le présent simple et le présent en *be* + V-*ing*

➜ p. 16

1 Mets le verbe entre parenthèses au présent simple ou au présent en *be* + V-*ing* selon la situation.

a. In the USA, school (start) at 8 am and (finish) at 2:30 pm.

b. Jane (always / take) the bus to go to school but today she (walk) to school with her friends.

c. I (have) football practice every Wednesday night and my sister (have) basketball on Thursdays.

d. My friends and I (usually / hang out) and (go) shopping at the weekend, but this weekend we (go) to the museum.

e. Jacob (love) football and he (watch) the game every Friday night. Tonight his favourite team (play)!

2 Utilise ces verbes pour parler de ces élèves. Décris ce qui est en train de se passer ou évoque des habitudes : attention au choix du temps !

chat · laugh · have fun · open her locker · write a message · post a video · go to a lesson

Lynn · Ava · Emma · Oliver · Noah

VOCABULARY

➜ p. 17

3 Trouve le nom correspondant à chaque définition.

a. A short period of time when you have a rest in-between classes: ...

b. A small cupboard with a lock, where you can put your things (books, sports clothing): ...

c. Suggestions to a person about what he or she should do in a particular situation: ...

d. The place where you have lunch at school: ...

FILE 2 SOS wildlife

GRAMMAR Le futur en *will* / *be going to* et le futur hypothétiques en *if* + *will*

➜ p. 27

4 Choisis la forme qui convient le mieux dans ces phrases futures.

a. This rhino (will not / is not going to) die: I'm sure we (will / are going to) save it!

b. More people (will / are going to) take action thanks to WWF's campaign.

c. Romario (will / is going to) launch another campaign next month.

5 Mets les verbes entre parenthèses au temps qui convient.

a. If we (not / act) now, more wild animals (die).

b. Elephants (not / disappear) if people (take) action.

c. I (be) happy to help if an association (suggest) I take part.

GRAMMAR L'expression du but avec *to* + BV

➜ p. 27

6 Complète ces phrases avec *to*, *so as to* ou *in order to* afin d'exprimer le but.

a. They decided to create a sanctuary ... protect African penguins.

b. Acting now is essential ... preserve South Africa's biodiversity.

c. I am a volunteer ... help make things change.

7 Remets ces mots dans l'ordre pour exprimer le but.

a. to visit • I went • the Drakensberg • to South Africa

b. a ranger • she • to work • with animals • has become • so as

c. many rhinos • park rangers • to protect them • have relocated • in order

VOCABULARY

➜ p. 29

8 Associe les étiquettes pour retrouver six mots.

WILD · BIO · ECO · LAND · FUND · CROWD

SCAPE · RAISING · DIVERSITY · SYSTEM · LIFE · FUNDING

9 Retrouve l'intrus dans chaque liste de mots et justifie ton choix.

a. jeopardise • threaten • disappear • habitat

b. giraffe • poaching • elephant • cheetah

c. species • protect • preserve • save

Snapfile 3 United Cakes of America

GRAMMAR Les articles et les démonstratifs → p. 36

10 Choisis l'article qui convient dans chaque phrase.

a. The / Ø vanilla cupcakes are perfect to celebrate the / a birthday.

b. "Would you like a / the doughnut?" "Yes, please, I love the / Ø doughnuts!"

c. For the / Ø Thanksgiving I will prepare a / an apple pie.

d. The / a cake we had last night was the / a chocolate layer cake.

11 Complète avec des articles ou démonstratifs. Plusieurs réponses sont possibles.

the · a · Ø · this · these · that · those

a. I don't really like ... cookies but I love ... cookies my mum makes!

b. ... chocolate cake is delicious but I think I prefer ... nice carrot cake!

c. Yuck! ... biscuits were not tasty.

d. Do you want ... slice of ... apple pie? Or do you want to taste ... muffins?

VOCABULARY → p. 37

12 Trouve les huit mots correspondant aux photos.

FILE 4 Team spirit

GRAMMAR Les questions → p. 47

13 Remets les mots dans l'ordre pour former des questions.

a. basketball • did • start • when • you • playing • ?

b. favourite • your • is • player • who • ?

c. usually • do • how often • train • you • ?

d. season • do • have • plans • next • you • for • ?

14 Écris cinq questions que tu pourrais poser à Liz Watson, la capitaine de l'équipe australienne de netball. Tu peux utiliser ces mots.

practise · netball match · start · favourite team · celebrate · supporters

GRAMMAR Les pronoms relatifs → p. 47

15 Complète ces phrases avec le bon pronom relatif.

a. The player ... scored and won the match is my favourite player.

b. New Zealand is the country ... the All Blacks are from.

c. I think basketball is the sport ... I prefer.

d. I'll never forget the day ... they won the world championship!

16 Transforme ces deux phrases en une seule en remplaçant l'élément en bleu par un pronom relatif.

a. The player is an All Black. **The player** signed an autograph for me.

b. The stadium is called Wembley. **The stadium** was full yesterday!

c. I met my favourite player. **Meeting my favourite player** was fantastic!

d. The match was incredible. I watched **the match**.

VOCABULARY → p. 49

17 Complète les phrases avec les mots correspondant aux définitions.

a. The ... is the national song that is played before a match.

b. The sport we call "football" in Europe is named ... in the USA.

c. ... are a group of dancers that sing special songs to encourage the team and entertain the crowd during a match.

d. People who encourage their teams are ... .

18 Ajoute les lettres manquantes pour former des mots et compléter la phrase.

a. F_I_ _D S_I_	N P R H E
b. _E_K N_ _S	E S A W
c. _A_F_I M_	L E H T

→ In rugby, ... is encouraged. There is no place for ... . At ... the coach remotivates the players.

Snapfile 5 Titanic stories

GRAMMAR Le prétérit simple

→ p. 56

19 Mets les verbes en bleu au prétérit simple.

a. A lot of workers (build) the Titanic and (be) proud to be part of the adventure.

b. First-class tickets (be) very expensive, but third-class tickets (be / not) cheap either!

c. Irish immigrants (travel) to the USA because they (not / have) a job back home.

c. People (not / think) the Titanic could sink, that's why they (not / plan) enough lifeboats.

d. "How long (take / it) to build the Titanic?" "It (take) three years."

20 Tu es Alfie Cunningham. Parle de ton travail de construction du Titanic. Tu peux utiliser ces verbes.

build · be exciting · work a lot · feel proud · live near the shipyard

VOCABULARY

→ p. 57

21 Retrouve les douze mots cachés dans la grille.

S	H	I	P	Y	A	R	D	Z
X	Q	M	A	F	L	O	A	T
G	C	M	S	T	C	R	E	W
W	A	I	S	R	Q	H	X	Y
O	B	G	E	A	S	I	N	K
R	I	R	N	V	A	G	P	D
K	N	A	G	E	F	X	U	E
E	Z	N	E	L	E	Q	W	C
R	O	T	R	B	A	N	D	K

FILE 6 Spooky doubles

GRAMMAR Le prétérit simple et le prétérit en *be* + V-*ing*

→ p. 67

22 Mets les verbes en bleu au prétérit simple ou au prétérit en *be* + V-*ing* selon la situation.

a. He (look) at himself in the mirror when he (see) a monster!

b. I (read) this spooky novel as I (travel) on the train.

c. The characters (sleep) when they (hear) strange noises coming from the attic.

d. He (walk) down the street and (talk) with his friend when they (meet) this strange lady.

23 Complète cette histoire en utilisant les deux prétérits selon tes besoins.

It (be) late one night. She (walk) home alone in the dark. Suddenly someone (hit) her on the shoulder. She (scream) and (run) to hide in a park nearby. While she (hide) in a bush, she (hear) her name. She (turn) around: a girl who (look) exactly like her (watch) her!

GRAMMAR Le comparatif de l'adjectif et *while / whereas*

→ p. 67

24 Complète chaque phrase avec l'un de ces adjectifs au comparatif de supériorité. N'oublie pas *than*!

big · old · crazy · interesting

a. This scientist is ... his double, I can't believe it!

b. Dorian's portrait was ... Dorian himself.

c. I think the novel is ... the film.

d. The monster is ... I thought.

25 Compare ces personnages à l'aide de *while* et *whereas*. Tu peux utiliser ces adjectifs.

young · spooky · monstrous · terrifying · sad · wild

Dracula

Coraline

Frankenstein's monster

VOCABULARY → p. 69

26 Associe par paires les mots qui ont le même radical.

destruction · create · pride · happy · creation · paint · proud · transformation · happiness · destroy · painting · pain · transform · painful

27 Retrouve l'antonyme de chacun de ces mots.

a. beautiful (adj)
b. happiness (n)
c. light (adj)
d. create (v)
e. lazy (adj)
f. hide (v)
g. different (adj)
h. dishonest (adj)

Snapfile 7 Arty Bristol

GRAMMAR Le *present perfect* → p. 76

28 Mets les verbes en bleu au *present perfect*.

a. I (be) to Bristol; I (see) a lot of street art since then!
b. Kate (not yet / visit) the film museum but she (attend / already) a music festival.
c. Banksy (never / reveal) his identity, but a lot of people (try) to discover it!
d. Bristol (become) an artistic city and it (attract) a lot of tourists.

29 Sarah est en visite à Bristol.
Écris la carte postale qu'elle envoie à ses parents pour raconter ce qu'elle a fait, ou pas encore.
Tu peux utiliser les verbes ci-dessous.

visit · see · take photos · go to a concert · do a walking tour · learn about Banksy

VOCABULARY → p. 77

30 Retrouve l'intrus dans chaque série de mots.

a. mural • graffiti • painting • outskirts
b. artistic • creative • sketchbook • inspirational
c. stencil • vibrant • wonderful • intense
d. iconic • cult • memorable • tip

FILE 8 Into the wild outback

GRAMMAR Le *present perfect* et le prétérit → p. 87

31 Mets le verbe en bleu au prétérit ou au *present perfect*. Sers-toi les indicateurs de temps pour t'aider à choisir.

a. She (travel) around Australia a lot these past weeks: she (start) last summer.
b. I (live) in Australia since 2017 and I (enjoy) every minute of it so far!
c. Uluru (be) a sacred place for centuries and it (become) a tourist attraction in the late 1890s.
d. They (close) Uluru to visitors in 2019. Since then, the Aboriginal people (take) the place back.
e. I (buy) this boomerang when I (be) in Alice Springs fifteen years ago.

32 Choisis le bon complément de temps et explique ton choix.

a. I went to Australia 5 years ago / since 5 years.
b. Ella has worked with snakes for 2016 / since 2016.
c. I have dreamt of visiting Australia since I was a kid / for I was a kid.
d. Since 4 years / For 4 years I have lived in Australia.
e. I hiked in the outback in 2021 / since 2021.

GRAMMAR Le superlatif de supériorité → p. 87

33 Complète chaque phrase avec l'un de ces adjectifs au superlatif de supériorité.

extraordinary · sacred · sunny · good · hot · big

a. Uluru is the ... place in Australia for Aboriginal people.
b. This is ... country I have visited.
c. He is ... snake catcher in the region.
d. Australia is ... , ... and ... place I've ever been to!

34 Crée des phrases avec ces éléments pour relater des expériences hors du commun.
Utilise le superlatif et le *present perfect*.

a. Australia • vast country • James • be to
→ Australia is...
b. meeting Aboriginal people • fantastic moment • we • experience → Meeting...
c. getting lost in the outback • bad adventure • Alice • have → Getting...
d. this snake • venomous animal • I • see
→ This snake is...

VOCABULARY

➜ p. 89

35 Complète ces définitions en ajoutant les lettres manquantes des mots.

a. A place that is far from everything is a r _ _ o _ e place.

b. The people who are from the country originally are _ n _ _ _ e n _ _ s people

c. When you travel light, with only a small bag, you are a b _ _ k p _ _ _ er.

d. Your great-great-grand-parents are your _ n c _ _ t _ _ s.

36 Retrouve les dix mots qui se cachent dans ce serpent de mots !

Snapfile 9 Be the change

GRAMMAR Les conseils et les suggestions avec l'impératif, *can* et *should*

➜ p. 96

37 Remets les mots dans l'ordre pour former des conseils et des suggestions.

a. to hurt him • don't laugh • if you • at him • don't want

b. pick on • you shouldn't • or hit them • your classmates

c. you can • of bullying • by stepping in • help victims

d. let's spread • everyone involved • the word • and get

38 C'est *Pink Shirt Day* au collège. Tu expliques ce dont il s'agit à un élève anglophone et lui donne des conseils et suggestions pour mettre fin au harcèlement scolaire.

VOCABULARY

➜ p. 97

39 Associe les synonymes par paires.

issue • nasty • mock • problem • insult • stand up to • defend oneself against • step in • laugh at • take action • convince • unkind • persuade • call somebody names

FILE 10 Ghost towns

GRAMMAR La voix passive

➜ p. 107

40 Mets ces phrases actives à la voix passive et inversement.

a. Gold miners built houses, churches and saloons in the 1860s.

b. Gold was found everywhere in the West!

c. A few passionate people turned Bannack into a museum and now, many tourists visit it every year.

d. When these ghost towns were discovered, people found old clothes and material.

e. Cerro Gordo was inhabited by 4,700 people in the 1880s. Today, the ghost town is owned by Brent Underwood.

41 Complète les paroles du guide du musée de Bannack en mettant les verbes en bleu à la voix active ou passive selon le sens. Veille aux temps des verbes.

Good afternoon and welcome to Bannack!

This town [become] a State Park in the 1960s.

It [visit] by thousands of tourists every year.

Look at these objects: this pick [use] by gold miners and this shirt [belong] to one.

Here, you have a letter: it [write] by a man to his wife.

Look at these chairs: they [leave] untouched after the pioneers [leave] the town.

Many objects [find] when we [open] the museum.

Let's continue the visit!

▲ Bannack State Park in Montana, USA.

GRAMMAR Les marqueurs de temps

➜ p. 107

42 Complète chaque phrase avec le complément de temps qui convient.

June 6th 1879 • 2015 • 1945 and 1948 • the end of the century • the Gold Rush

a. Many people settled in the West during...
b. I visited this ghost town in...
c. Nobody lived there by...
d. This goldminer wrote this letter on...
e. Nevada City was a mining ghost town until a family restored it between...

43 Crée des phrases en choisissant un élément dans chaque encadré.

many men • miners • these towns • a few people

built • went • were abandoned • came

in • by • ago • during

150 years • the 1870s • 1920 • the Gold Rush

VOCABULARY

➜ p. 109

44 Trouve les synonymes des mots suivants.

a. ghoulish = m _ _ _ _ _ _
b. far / distant = r _ _ _ _ _
c. wooden house = c _ _ _ _
d. small hotel = i _ _
e. bad luck = m _ _ _ _ _ _ _ _ _
f. go away from = a _ _ _ _ _ _

45 Reconstitue ces cinq mots.

gold • land • over • trans • out

night • door • mine • mark • form

Snapfile 11 Bigfoot or big fake?

GRAMMAR L'hypothèse avec *must, may, could, might, can't*

➜ p. 116

46 Reformule ces phrases à l'aide des modaux *must*, *may*, *could*, *might* ou *can't* selon la situation.

a. I'm not sure but I think it is a legend. →
b. Impossible! What she says isn't true. →
c. This strange shape in the woods looks like a Bigfoot. →
d. I am convinced this footprint belongs to a Bigfoot. →
e. It is possible that their story is an invention. →

47 Tu fais partie d'une équipe qui recherche l'Altamaha-ha dans une rivière de l'État de Géorgie (voir doc 3 p. 113).
Explique à un nouveau venu dans l'équipe ce qu'il pourrait voir.
Imagine cinq phrases.

Welcome new investigator! When sailing on the river, you may...

VOCABULARY

➜ p. 117

48 Remets les lettres dans l'ordre pour trouver des mots.

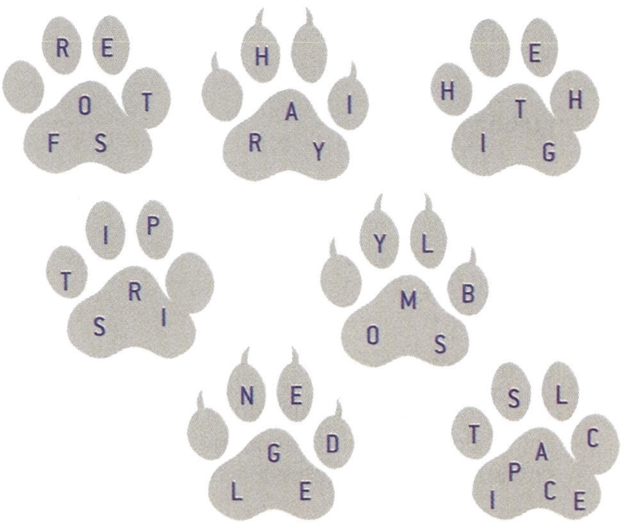

LE MARCHÉ DES VERBES IRRÉGULIERS

Apprendre les verbes irréguliers n'est pas si difficile : à toi de faire ton marché !

3 POUR LE PRIX D'UN !

Audio

BV	prétérit	participe passé	
cost /kɒst/	cost	cost	*coûter*
cut /kʌt/	cut	cut	*couper*
hit	hit	hit	*frapper*
hurt /hɜːt/	hurt	hurt	*blesser, faire mal*
let	let	let	*laisser, permettre*
put /pʊt/	put	put	*mettre*
read /riːd/	read /red/	read /red/	*lire*

Attention, la prononciation change !

2 POUR LE PRIX D'UN !

Audio

BV	prétérit	participe passé	
find	found	found	*trouver*
have	had	had	*avoir*
hear /hɪər/	heard /hɜːd/	heard /hɜːd/	*entendre*
make	made	made	*fabriquer*
pay	paid /peɪd/	paid /peɪd/	*payer*
say	said /sed/	said /sed/	*dire*
sell	sold /səʊld/	sold /səʊld/	*vendre*
tell	told /təʊld/	told /təʊld/	*raconter*
understand	understood	understood	*comprendre*
win	won /wʌn/	won /wʌn/	*gagner*

2 POUR LE PRIX D'UN AVEC UN -T FINAL BONUS !

Audio

BV	prétérit	participe passé	
build /bɪld/	built	built	*construire*
burn /bɜːn/	burned / burnt	burned / burnt	*brûler*
dream /driːm/	dreamed / dreamt /dremt/	dreamed / dreamt /dremt/	*rêver*
feel	felt	felt	*ressentir*
get	got	got	*obtenir*
keep	kept	kept	*garder*
learn	learned / learnt	learned / learnt	*apprendre*
leave	left	left	*laisser, partir, quitter*
lose	lost	lost	*(se) perdre*
mean /miːn/	meant /ment/	meant /ment/	*signifier*
meet	met	met	*rencontrer*
send	sent	sent	*envoyer*
shoot	shot	shot	*tirer (fusil)*
sit	sat	sat	*s'asseoir, être assis(e)*
smell	smelled / smelt	smelled / smelt	*sentir (odeur)*
sleep	slept	slept	*dormir*
spend	spent	spent	*dépenser, passer du temps*

2 POUR LE PRIX D'UN : « J'AI ACHETÉ » (GHT) !

Audio

BV	prétérit	participe passé	🇫🇷
bring	brought /brɔːt/	brought	*apporter*
buy	bought /bɔːt/	bought	*acheter*
catch	caught /kɔːt/	caught	*attraper*
fight	fought	fought	*(se) battre*
teach	taught	taught	*enseigner*
think	thought	thought	*penser*

PACK SPÉCIAL VOYELLES i/u • a • u

Audio

BV	prétérit	participe passé	🇫🇷
begin	began	begun	*commencer*
drink	drank	drunk	*boire*
ring	rang	rung	*sonner*
run	ran	run	*courir*
sing	sang	sung	*chanter*
sink	sank	sunk	*couler (bateau)*
swim	swam	swum	*nager*

Base verbale en u

UN BONUS -EN POUR LE PARTICIPE PASSÉ

Audio

BV	prétérit	participe passé	🇫🇷
bite	bit	bitten	*mordre*
break	broke	broken	*casser*
choose	chose	chosen	*choisir*
drive	drove	driven	*conduire*
eat	ate	eaten	*manger*
fall	fell	fallen	*tomber*
forbid	forbade	forbidden	*interdire*
forget	forgot	forgotten	*oublier*
forgive	forgave	forgiven	*pardonner*
freeze	froze	frozen	*geler*
hide	hid	hidden	*(se) cacher*
ride	rode	ridden	*monter, aller à (cheval)*
see	saw	seen	*voir*
steal	stole	stolen	*voler (dérober)*
take	took	taken	*prendre*
wake	woke	woken	*(se) réveiller*
write /raɪt/	wrote	written /'rɪtən/	*écrire*

PACK SPÉCIAL -ew • -awn / -own

Audio

BV	prétérit	participe passé	🇫🇷
draw	drew	drawn	*dessiner*
fly	flew	flown	*voler (oiseau)*
know	knew	known	*savoir, connaître*
throw	threw	thrown	*lancer, jeter*

PACK FAMILY « COME »

Audio

BV	prétérit	participe passé	🇫🇷
become	became	become	*devenir*
come	came	come	*venir*
overcome	overcame	overcome	*surmonter*

PACK BONUS MULTIFORMES

Audio

BV	prétérit	participe passé	🇫🇷
be	was, were	been	*être*
do	did	done /dʌn/	*faire*
go	went	gone /gɒn/	*aller*

Crédits photographiques

Couverture h ADOBE STOCK/Zarya Maxim ; ADOBE STOCK/Viewgene ; SHUTTERSTOCK/Julio Munoz del Bosque ; **b** ADOBE STOCK/Valiza14 ; HEMIS/Westend61 ; **12 h** AURIMAGES/Courtesy Everett Collection/© Walt Disney Studios Motion Pictures/© Marvel/ ph: Chuck Zlotnick ; **12 b** AURIMAGES/BBQ_DFY/© Marvel Studios/Columbia Pictures/photo : Chuck Zlotnick ; **13 h g** AURIMAGES/Courtesy Everett Collection/© Netflix/photo : Isabella B. Vosmikova ; **13 m g** AURIMAGES/Courtesy Everett Collection/© Netflix/photo : Nicola Goode ; **13 b g** AURIMAGES/Shutterstock/The Kobal Collection/© Netflix/photo : ScottPatrick Green ; **13 d** AURIMAGES/Courtesy Everett Collection/© Netflix/photo : Beth Dubber ; **14 g** AURIMAGES/courtesy Everett collection/© A24 ; **14 h d** PHOTO12.COM/ALAMY/Landmark/Media/© A24 ; **14 b d** PHOTO12.COM/ALAMY/Landmark/Media/© A24 ; **15** © Svetlana Chmakova ; **17 h** (reprise **p. 4**, p. **149**) ADOBE STOCK/Lightfield studios ; **17 b** ADOBE STOCK/F8Suport Ukraine ; **18** ADOBE STOCK/Petert2 ; **19** AFP/Stefan Heunis ; **20 h** © Created by Maria Rabinky (IllustratedMaps.com) ; **20 b** SHUTTERSTOCK/Bildagentur Zoonar GmbH ; **21 h** SHUTTERSTOCK/Volodymyr Burdiak ; **21 b** PHOTO12.COM/ALAMY/AfriPics.com ; **22 h g** (reprise **p. 30 h**) ADOBE STOCK/Yannick Tresch ; **22 b g** (reprise **p. 30 b**) ISTOCK/Goddard_Photography ; **22 bd** © Africanews / DR ; **23 h g** ADOBE STOCK/Photosvac ; **23 m g** GETTY IMAGES/LuismiX ; **23 b g** ADOBE STOCK/Jurgens ; **23 h d** Jacques van der Merwe/CC BY–SA 4.0 ; **23 m d** ADOBE STOCK/Henk bogaard ; **23 b d** ADOBE STOCK/Dpreezg ; **24 h** © CapeNature ; **24 b** © Romario Valentine ; **25** © WWF South Africa / DR ; **26** ADOBE STOCK ; **26** (reprise **p. 157 b d**) SHUTTERSTOCK/Horyn Sofia ; **27** ADOBE STOCK/Backup_studio ; **28** (reprise **p. 4**) ADOBE STOCK/Andrew Deer ; **29** HEMIS/Patrick Frilet ; **31 h** © SciShow Kids ; **31 b** SHUTTERSTOCK/Yellow Plane ; **32-33** (reprise **p. 34-35**) ADOBE STOCK/Mayamo ; **32** (reprise **p. 34**) ADOBE STOCK/Lelya198814 ; **32** (reprise **p. 4**) Prod DB/© 20th Century Fox TV/DR ; **33** ADOBE STOCK/Branchecarica ; ADOBE STOCK/Jeffrey ; ADOBE STOCK/Pixel–Shot ; ADOBE STOCK/New Africa ; ADOBE STOCK/nd700 ; ISTOCK/Duckycards ; ADOBE STOCK/Pbd Studio ; ISTOCK/Yumehana ; ADOBE STOCK/Xamtiw ; ADOBE STOCK/New Africa ; ADOBE STOCK/Popova Olga ; ADOBE STOCK/Ekaterina ; ISTOCK/Profeta ; **34 h g** Justin Hartley/DR ; **34 h d** ADOBE STOCK/Vinh ; ADOBE STOCK/Nattanopdesign ; **34 b** © HSTV / DR ; **35 h** © Angela Key Milnes withasplashofcolor.com ; **35 b** © How To Cake It / DR ; **36** ISTOCK/Edel–fotografie ; **37 h** ADOBE STOCK/ColdCoffee ; **37 b g** (reprise **p. 153 g**) ADOBE STOCK/New Africa ; **37 b d** AURIMAGES/Everett Collection/©20th Century Fox Film Corp. All rights reserved ; **38** ISTOCK/HRAUN ; **39** HEMIS/Alamy Live News/Mark Pain ; **40-41** SHUTTERSTOCK/Mihas ; **40 h d** ADOBE STOCK/Daboost ; **40 h g** © Marca ; **40 m d** et **41 m d** ADOBE STOCK/AK_Vector ; **40 b** REA/Redux/William Widmer ; **41 g** (reprise **p. 49**, **p. 147**) ADOBE STOCK/Yan4ik ; **41 h d** ADOBE STOCK/Daboost ; **41 m d** © Carrie Dunn / Pitch Publishing ; **42** GETTY IMAGES/G. Fiume ; **43 h** AFP/Getty Images/Getty Images Asiapac/Matt King ; **43 d** (reprise **p. 153 d**) © Australian Diamonds / DR ; **43 b** © GAA ; **44 h** AFP/Getty Images North America/Jared C. Tilton ; **44 b** (reprise **p. 124**) AFP/Getty Images/Gallo Images/Lefty Shivambu ; **45** AFP/Justin Tallis ; GETTY IMAGES/The FA/Lynne Cameron ; GETTY IMAGES/The FA/Lynne Cameron ; AFP/Getty Images Europe/Naomi Baker ; ADOBE STOCK/Mozzz ; **46 fond** ADOBE STOCK/Oxa ; **46 h g** GETTY IMAGES/Kevin Sabitus ; **46 h m** GETTY IMAGES/Brendan Moran ; **46 h d** ABACA PRESS/PA Photos ; **46 b g** AFP/Getty Images North America/Jamie Schwaberow ; **46 b m** AFP/Getty Images/Getty Images Asiapac/Renee McKay ; **46 b d** ABACA PRESS/PA Photos ; **47** AFP/Getty Images/Kelly Defina ; **48** (reprise **p. 5**) ADOBE STOCK/Moodboard ; **49 h** ADOBE STOCK/Yan4ik ; ADOBE STOCK/Yan4ik ; DR ; DR ; **49 b** GETTY IMAGES/ISI Photos/Brad Smith ; **50** © Australian Sports Commission ; **51 h** © NZ Rugby / DR ; **51 b** © The Voice / DR ; **52-53** (reprise **p. 54-55**) ADOBE STOCK/Nata777_7 ; **52 h** ADOBE STOCK/Alexey Fedorenko ; **52 b** AGE FOTOSTOCK/Design Pics/Jeff Mauritzen ; **53 h g** © Terry Bradley ; **53 h d** AURIMAGES/Everett Collection/© 20th Century Fox/Paramount ; **54 h** (reprise **p. 57 b**) © Graphic News ; **54 b** © Documentary Waking the Titanic Gillian Marsh TV ; **55 h** AURIMAGES/Mary Evans/AF Archive/© 20th Century Fox ; **55 b** GETTY IMAGES/CBS ; **56** BRIDGEMAN IMAGES/Look and Learn ; **57 h** (reprise **p. 5**) AFP/Imaginechina/Stringer ; **58** SHUTTERSTOCK/Gilda Villarreal ; **59** AURIMAGES/Mary Evans/AF Archive/© Alcove Entertainment ; **60 g** (reprise **p. 154 b g**) AURIMAGES/Courtesy Everett Collection/© Amazon Prime Video ; **60 d** CHRISTOPHE L COLLECTION/© Walt Disney Productions ; **61** (reprise **p. 5**) © Manuel Bejarano / DR ; **62 b** CHRISTOPHE L COLLECTION/© Universal ; **64** (reprise **p. 122** et **p. 154 b d**) AURIMAGES/Everett Collection/© Universal ; **65 h** AURIMAGES/Everett Collection/© Alliance Films ; **65 b** © Penguin UK / DR ; **67** ADOBE STOCK/Matiasdelcarmine ; **68** AURIMAGES/BBQ_DFY/© ITV Studios ; **69** ADOBE STOCK/Memoangeles ; **71 h** © Claire Fenby ; **71 b** (reprise **p. 154 d**) CHRISTOPHE L COLLECTION/© Laika Entertainment – Pandemonium ; **72-73** (reprise **p. 74-75**) ADOBE STOCK/Ink drop ; **72** HEMIS/Alamy/SFL Travel/© TatsCru, The Mural King, Corp ; **73 h** © Artist: Willem Hampson / illustration commissioned by Bristol Ideas, www.bristolideas.co.uk ; **73 b** SIPA PRESS/Shutterstock/LNP/Simon Chapman ; **74 g** (reprise **p. 6**) © Michele Frolla, The Intrepid Guide / Girl With A Pierced Eardrum, Courtesy of Pest Control Office, Banksy, Bristol, UK, 2014 ; **74 d-75 g** © Harry Haz Bingham ; **75 d** © **sassy stubby / DR** ; **77 h** HEMIS/Alamy/Carolyn Jenkins/© Cheo ; **77 b** ADOBE STOCK/Nikiteev ; **78** (reprise **p. 6**) ADOBE STOCK/Alexander ; **79** SHUTTERSTOCK/Benny Marty ; **80 h** © Freehand TV / DR ; **80 b** (reprise **p. 86**) © Miller Wilson ; **81 h** (reprise **p. 89**) ADOBE STOCK/Rafael Ben–Ari ; **81 m** ADOBE STOCK/Andrewburgess ; **81 b** ADOBE STOCK/Nynke ; **81 d** © Source Top Wire Traveller, topwiretraveller.com ; **82** SHUTTERSTOCK/FiledIMAGE ; **83 h** © Sally Gould / Spring Agency/Orbis Media / DR ; **83 b** MAXPPP/EPA/Lukas Coch ; **84 fond** SHUTTERSTOCK/Chris Watson ; **84 h** Special Thanks to Riot Games ; **84 b** CHRISTOPHE L COLLECTION/© Bunya Productions ; **85 h** AURIMAGES/Mary Evans/AF Archive/© Momentum Pictures ; **85 b** CHRISTOPHE L COLLECTION/© Netflix – Netflix Animation – Reel FX Creative Studios – Weed Road Pictures ; **86** (reprise **p. 155 d**) ISTOCK/Tomograf ; **86** SHUTTERSTOCK/Forest badger ; ADOBE STOCK/Africa Studio ; ADOBE STOCK/DG-Studio ; ADOBE STOCK/Fotomatrix ; ADOBE STOCK/Milan Lipowski ; ADOBE STOCK/Adomo ; ADOBE STOCK/Schab ; ADOBE STOCK/Sergii Moscaliuk ; SHUTTERSTOCK/PavelShynkarou ; **88** ADOBE STOCK/Ronnybas ; **89** ADOBE STOCK/Ken Griffiths ; ADOBE STOCK/AVD ; ADOBE STOCK/Anankkml ; SHUTTERSTOCK/Taras Vyshnya ; **90** © Kelley Ferro / DR ; **91 h** ADOBE STOCK/Bennymarty ; **91 b** © Trucking Oz ; **92-93** (reprise **p. 94–95**) ADOBE STOCK/Peangdao ; **92 g** © Bullying Free NZ ; **92 d** © Sticks <n Stones www.sticksnstones.co.nz, YouTube Channel @sticksnstonesnz ; **93** © Be The Change NZ / DR ; **94-95 h** (reprise **p. 6**) © Be The Change NZ / DR ; **94 g** © Bullying Free NZ ; **95 d** © Mental Health Foundation of New Zealand ; **97 h** © Mental Health Foundation of New Zealand / ADOBE STOCK/BillionPhotos.com ; **97 b g** ADOBE STOCK/Microstocker.Pro ; **97 b d** ADOBE STOCK/Wavebreak3 ; **98** HEMIS/René Mattes ; **99** (reprise **p. 110**) © Somethin› Or Other Tour / Dylan Sesco ; **100 h** BRIDGEMAN IMAGES/Look and Learn ; **100 b** (reprise **p. 7**) ADOBE STOCK/Stockdonkey ; **101 h** ADOBE STOCK/Robert Paulus ; **101 m** HEMIS/Alamy/Dan Leeth ; **104 m** © Brent Underwood / DR ; **104 b** © Bannack State Park ; **105 h** ADOBE STOCK/Goir ; **105 b** AFP/Gabriel Bouys ; **106, 107** ADOBE STOCK/Oleksandra ; ADOBE STOCK/klyaksun ; ADOBE STOCK/Klyaksun ; **108** ADOBE STOCK/Steve Cukrov ; **109 g** ADOBE STOCK/Oleksandra ; **109 d** HEMIS/Alamy/Prisma by Dukas Presseagentur GmbH ; **111 h** © Travel Channel ; **111 b** ADOBE STOCK/Mariakray ; **112–113** SHUTTERSTOCK/Taviphoto ; **112** (reprise **p. 7**) ADOBE STOCK/Dave ; **113 h** © Dan Meth ; **113 b** ADOBE STOCK/Larry Rains ; **114-115** ADOBE STOCK/Pakhnyushchyy ; **114** © Sarah McRann photo, published in The Morning Star ; **115 h** ADOBE STOCK/Daniel Eskridge ; ADOBE STOCK/Ljupco Smokovski ; ADOBE STOCK/Carol Hamilton ; ADOBE STOCK/Digital Storm ; **115 b** © Sts'ailes / DR ; **116** GETTY IMAGES/Bluefootage ; **117 h** ADOBE STOCK/Dave ; **117 b g** ADOBE STOCK/Dlyastokiv ; **117 b d** HEMIS/Alamy/The Hollywood Archive/PictureLux/TMNTLes tortues Ninja, 2007 ; **118 h** Reprinted by permission of HarperCollins Publishers Ltd © 2020 Agatha Christie ; **118 b** CHRISTOPHE L COLLECTION/© 20th Century Fox – Scott Free Productions – The Estate of Agatha Christie 1930's/Mort sur le Nil, film de Kenneth Branagh, 2020 ; SHUTTERSTOCK/Azar Karimli ; **119** (reprise **p. 7**) CHRISTOPHE L COLLECTION/© 20th Century Fox – Scott Free Productions – The Estate of Agatha Christie 1930's/Mort sur le Nil, film de Kenneth Branagh, 2020 ; **123** CHRISTOPHE L COLLECTION/© Netflix – Jax Media – Likely Story ; **125** © Frederic Aranda ; **127** SIPA PRESS/Mercury Press ; **130** HEMIS/Alamy/Patrizia Wyss ; **131** HEMIS/Bruno Perousse ; **132** ADOBE STOCK/Krakenimages.com ; **133** ADOBE STOCK/Andrew_rybalko ; **135** GETTY IMAGES/Popperfoto/Philip Brown ; **137** SHUTTERSTOCK/1000 Words/DR ; **139 g** GETTY IMAGES/DigitalVision/David Trood ; **139 d** GETTY IMAGES/Moment/Theo Clark ; **141** AURIMAGES/Mary Evans/AF Archive/© 20th Century Fox ; **152** ADOBE STOCK/Monkey Business ; **154 g** © ITV ; **155 g** ADOBE STOCK/Butter Bites ; **156 h** SHUTTERSTOCK/Vablestudio ; **156 b g** © Mental Health Foundation of New Zealand ; **156 b d** ADOBE STOCK/MelissaMN ; **157 b g** ADOBE STOCK/Kaiskynet ; **157 b d** ADOBE STOCK/Daniel Eskridge.

Crédits des textes

14 © Antonio D'angelo / ourculture / DR ; **21** © Faraway worlds / Roxanne De Bruyn / DR ; **22** © Afrik21 / Boris Ngounou / DR (repris **p. 30**) ; **31** © Africa Freak *africafreak.com* ; **35** © Angela Key Milnes withasplashofcolor.com ; **41** © Great British Mag / DR (repris **p. 147**) ; **42** © NBA / DR ; **45** © England Football / Frank Smith / DR ; **51** © The Voice / DR ; **55** © Biography / DR ; **61** © Oxford University Press / DR ; **62-63** © Sabrina Cotugno ; **64** © SHELLEY, M.J; Pearson English Active Readers 1: Frankestein; 2008. Reprinted by permission of Pearson Education Limited. (repris **p. 70** et **p. 122**) ; **65** © WILDE, O; Pearson English Readers: Picture of Dorian Gray; 2008. Reprinted by permission of Pearson Education Limited. ; **71** © Neil Gaiman, 2002, *Coraline*, Bloomsbury Publishing Plc. ; **72** © Bristol Post / Robin Murray ; **74** © Bristol Post / Heather Pickstock ; **83** © Sally Gould / Spring Agency / Orbis Media / DR ; **91** © Perth Now / Troy de Ruyter / DR ; **100-101** © Geotab / Peter Ling / DR ; **111** © travelswithelle.com / DR ; **114** © The Morning Star, 13/04/2020 ; **118-120** © Reprinted by permission of HarperCollins Publishers Ltd © 2020 Agatha Christie ; **123** The Highlander Newspaper / Anna Baik / DR.

Direction éditoriale : Marie Lucas
Édition : Pauline Gaberel, assistée de Margaux Von Der Marck
Édition numérique : Pauline Boyeau
Relecture : Seonaid Cruickshank
Iconographie : Geoffroy Mauzé
Conception de la maquette et de la couverture : Élise Launay
Mise en pages : Laure Gros
Illustrations : Vincent Bergier, Alain Boyer, Johanna Crainmark, Antoine Levesque
Infographies de grammaire : Marie Van Der Marlière
Carte p. 100 : AFDEC
Photogravure : Irilys

N° de projet : 10288368 - Dépôt légal : Avril 2023
Achevé d'imprimer en A vril 2023 par Rotolito S.p.A., Italie

Interactive map

THE ENGLISH-SPEAKING WORLD

Interactive map